本书由西安美术学院一级博士学位授权点建设专项资助

第一种民间记忆

王林教学工作营纪实

王 林 编著

西安美术学院研究生教育·名师一案丛书

重庆大学出版社

图书在版编目（CIP）数据

第一种民间记忆：王林教学工作营纪实 / 王林编著.
—重庆：重庆大学出版社，2015.11
（西安美术学院研究生教育·名师一案丛书）
ISBN 978-7-5624-9531-4

Ⅰ.①第… Ⅱ.①王… Ⅲ.①家族—历史—研究—
中国 Ⅳ.①K820.9

中国版本图书馆CIP数据核字（2015）第251405号

第一种民间记忆
——王林教学工作营纪实
DIYIZHONG MINJIAN JIYI
王 林 编著
策划编辑：张菱芷

责任编辑：陈 力　　　版式设计：张菱芷
责任校对：张红梅　　　责任印制：赵 晟
*
重庆大学出版社出版发行
出版人：邓晓益
社址：重庆市沙坪坝区大学城西路21号
邮编：401331
电话：（023）88617183　88617185（中小学）
传真：（023）88617186　88617166
网址：http://www.cqup.com.cn
邮箱：fxk@cqup.com.cn（营销中心）
全国新华书店经销
重庆市金雅迪彩色印务有限公司印刷
*
开本：787×1092　1/16　印张：12.5　字数：177千　插页：16开1页
2015年11月第1版　2015年11月第1次印刷
ISBN 978-7-5624- 9531-4　定价：68.00元

目 录

工作营陈述：我们的记忆从哪里开始

王 林

有些经历真的让人难以忘记……

1999年清明节前，岳母对我说，她和重庆市江津杜市镇的亲戚们组织了一个赖氏清明会，要我设计一个会标作为他们聚会的背景布置，并拿出珍藏多年的《赖氏松阳堂族谱》。我翻开一看，大吃一惊。这是一本光绪二十一年（1895年）编修的家谱，雕版刻印，保存完好。因为修编时依据的是有历史来源的老家谱，故其中赐印、敕命、像赞、谱序齐全，家族世系脉络清楚，在现存家谱中堪称珍本。我们一家人在岳母的带领下前往杜市镇。时天降大雨，沿途修路，道路泥泞不堪，汽车打滑不能行走。杜市镇的乡亲派人来接，几经折腾，终于如愿以偿，将会标按时送到清明会会场。悬挂起来，一时掌声雷动。在赖氏父老乡亲的热情与兴奋中，我突然感到了一股来自民间的力量：他们为什么要如此顽强地组织清明会？他们为什么要如此投入地梳理家族世系？他们为什么要劳神费力地去重修家谱？他们自发也是自主地在保存家族历史记忆。

以后几年，我进入重庆市历史文化名城专家委员会，参与了重庆湖广会馆等历史遗迹的保护工作。修复工程完成后，对外征集民间家谱，岳母拿出久藏箱底的清刻《赖氏松阳堂族谱》，捐赠给重庆湖广会馆永久收藏。而赖氏松阳堂族谱的续修工作从1998年开始，历时两年完成，并于新世纪开始之年重新印出，送至赖氏现存八大房各家手中。他们成立的赖氏松阳堂联络组为自己制订的任务是："完成续修族谱，团结族人清明聚会。"

这些经历让我认识到民间普通百姓才是中华文化的真正保护者、传承者和推动者。2014年11月，我在为西安美术学院研究生、博士生举办导师工作营时，

图 0-1　西安美术学院 2014 年第四届研究生学术月海报

命题"何为江湖？何为民间？"，邀请了以家庭镜像为题材的当代艺术家陈启基先生和我一道为学生讲授家庭、家族史与民间记忆的关系。

在中国传统社会中，江湖、民间是与魏阙、庙堂相对而言的，而第一种民间记忆即是从母到父、从父母到家庭、从家庭到家族。为此我以《赖氏松阳堂族谱》为例，给学生讲解中国传统社会是如何编修家谱的，在进入近现代之后出现了一些什么问题。今天的中国人应该如何编修家谱，以便在当今生活中继续保持第一种民间记忆，保持中国文化之优秀传统。作为案例，我开始编修本家族《郑氏国发公支派新编家谱》，并让学生选择性地做三件事：收集家庭老照片，作出相关说明；叙述让自己感动的家庭故事；查证宗源及编修最近宗亲的家族谱系。最后组织学生自主创作作品，做成一个展览，题目即为"第一种民间记忆"。展览得到西安美院上下认同，著名艺术家武艺和著名批评家水天中还主动要求参加名师案例。主管教学的贺丹副院长将类似题目作为西安美院学生暑假作业，希望大家都来参与。

我们为什么要编修家谱？文天祥认为，"家之有谱犹国之有史也"。[1] 胡铨说根本意义在于，"感发其孝悌之心而兴起其尊祖敬宗之念也"。[2] 孝是孝敬父母，悌是爱护兄弟姐妹，这是家庭伦理的基础，而尊祖敬宗则是孝悌之道的历史推衍。孝悌之心与尊祖敬宗之念，再结合中国乡村社会的地理性与自然观，便形成了中国文化传统最稳定、最核心的观念——宗土信仰。中国人有本土的和外来的宗教信仰，如道教、佛教，也曾在某些时候为朝廷所重而成为主流，但真正根基雄厚、持续不变的精神信仰则是宗土信仰。这是一种与出生之地相关、为血缘宗族所系的历史信仰，这种信仰是与生俱来、终生相伴的，是中国人在精神信仰上最为独特之处。全世界任何地方的人都会有故乡之恋，但只有中国人以宗、土相联并将宗土作为一种历史——精神信仰。上至帝王下

---

[1] 南宋咸淳元年甲辰二月中旬右丞相兼枢使信国公文天祥《赖氏谱序》，同样内容亦见《会昌县赖氏族谱》（见邱常松. 客家第一姓·宁都赖氏 [M]. 香港：香港中华文化发展基金会出版社，2003），但其文字翔实不如本文所引《赖氏松阳堂族谱》。
[2] 宋熙宁二年（1069年）赐进士翰林院大学士胡铨《赖氏谱序》，见《赖氏松阳堂族谱》，重庆市江津杜市镇赖氏清明会赖承书捐献，重庆市湖广会馆存。

至百姓，从官僚、商贾到文人、学士，莫不讲求光宗耀祖、叶落归根，宗土信仰成为中国人价值诉求最终的精神归宿。信仰乃人生的期待、价值的归宿，就是要把自己的意愿、功过、善恶置于信仰对象之前接受检验与审判，通过内心的自我谴责惩处以求灵魂的净化与升华。中国各地的家族祠堂其实就是宗土信仰的神庙，中国人在面对列祖列宗、家乡父老的时候是最为坦诚、最讲良心，也最有奉献精神的。古代中国人讲立功、立德、立言、立业，前面"三立"有了出息，是一定要回家乡去昭示弘扬的，许多功德牌坊就为此而立。而所谓"立业"，则与家业有关，无论官做得多大、多远，无论钱有多少、多富，有为者往往都要在家乡修房造屋为后人创业。而在家乡乐善好舍、修桥铺路、立祠助学，造福一方，中国是古代中国人最大的心愿，也是最重要的善举。

宗土崇拜之所以成为中国人精神信仰的支撑力量，跟中国古代民间社会的发展有关。中国古代是一个等级社会，从君主到百姓，官分七品，人分九等，但中国传统皇权意识中有浓厚的民本思想，一方面讲"率土之滨莫非王土，率土之人莫非王臣"；另一方面讲"民为贵，君为轻，社稷次之"。统治者以作为统治基础的"民"为贵，重要表现之一就是对民间的尊重。周朝"采风"就是朝廷收集、整理民风民俗，关注、吸纳民间文化的重要制度。作为历朝文化经典的《诗经》，其大部分内容就来自民间。相传孔子删诗"如临深渊，如履薄冰"，可见当时文化人对于民间创造的敬畏之心。而孔子作为后来统治者尊崇与信奉的至圣先师，不仅因为其探讨仁义，创立儒学，而且因为他是中国历史上第一位规模化办学的民间教育家，改变当时教育仅在官廷、仅施贵族的有限性，真正开创了中国民间教育的先河。中国传统民间社会有相当的自治性和自主性。秦王朝实行中央集权，汉承秦制，历朝沿袭，其郡县制置官至县为止，所谓"七品芝麻官"即是县官，是传统官僚制度中最小的官儿。官下有吏，但"吏不入乡"则是传统规约。中国民间社会传统的保甲制度和朝廷中央统治的官僚制度相辅相成，但又相互区别，相对各自独立。

中国历来有庙堂（魏阙）与江湖（民间）之分，范仲淹曰"居庙堂之高则忧其民，处江湖之远则忧其君"，讲的是中国古代文人立身处世的根本原则：达（做官）则兼善天下，穷（不做官）则独善其身。独善其身，不光"忧其君"，而且要"忧其民"，因为有文化有修养的人应该"进亦忧、退亦忧""先天下之忧而忧，后天下之乐而乐"。中国古代文人固有达穷之别，但并不以做官不做官来区分学问与人格的高低。故有"身在魏阙（庙堂），心在江湖"之说，甚至从道德修养角度认为江湖地位更高，他们更多欣赏"身在魏阙、心在江湖"的朝廷中人，但很少反过来赞扬那些身在江湖却心在魏阙的仕途追逐者。由此可证明，民间在古代中国文人心中是何等重要。传统家谱不言祖上道德瑕疵，却从不避讳先人罢官免职，即可为例。

中国历史上很多重要的文化改变都来自民间，从诗到词的变化，从传奇到小说的发展，皆为酒肆茶楼的坊间创造。中国民间不仅为百姓提供了自然生成、自主发育的文化基础，而且为文人留足了发展空间。民间对于文人来说，成为宜居之地。"独善其身"之谓，除了伦理道德自我约束外，最重要的就是完善自身的文化修养，进行各种可能的文化创造，在经典训诂、写诗著文、琴棋书画，乃至营造、茶食诸多方面有所作为。看看宋苏轼一生宦海沉浮，穷达数变，但始终能够在儒道佛的研究中、在诗词文画的创作以及诗论、词论、文论、画论的探讨中成就斐然，上至朝廷策论，下至地方菜谱（如东坡肉）都有创于世，足见中国古代民间社会对于朝廷而言，在相当程度上独立运转的作用；也可见中国传统民间社会对于文人的生存与保护而言，预留的回旋余地之大。

时至今日，复兴中华文化面临的最大问题，是传统文化如何转型以适应现代生活的需要。比如传统社会的家庭与家族，是建立在父权制基础之上的，家谱修编以父系为线索。而今男女平等，无论从血缘遗传、从权利关系、从法律意识、从实际操作层面看，父系为宗的观念都在受到挑战。如果不作出适应现代公民意识和实际生活状况的相应改变，就不可能在今天延续下去。文化传统的转型是具体而深入的，我们只有在社会生活、社会习俗、社会惯例的各个方面找出对接之点和如何改变的要义，才能真正地将传统文化的优秀之处继承延续下来，并加以发扬光大，成为今天社会生活、社会习俗、社会惯例的组成部分，成为活着的传统，成为正在进行时的生活真实。

传统家谱的编修毕竟是在封建时代成形与延续的，旧的思想意识、道德观念、伦理规范必然浸渍其间。时过境迁，很多东西理当改变，现代社会之有别于封建社会的根本之处，在于更注重个人性而非集体性（家庭、家族、国家）。个人性包括两个方面，一是指个性得到尊重；二是指个人享有平权，也就是人权平等，起码在法律面前，平民和总统、父母和子女，其人格是平等的。这和封建时代君君臣臣、父父子子的关系——"君要臣死，臣不得不死；父要子亡，子不得不亡"，只讲臣服的上下权力关系大不一样。因此，对封建时代传统思想改造最根本一条，就是讲平权而非极权，讲公权而非私权，讲权力共享而非独享。

封建社会是建立在父权制基础上的，家庭以父系为宗，由此形成家族血缘关系，以保证家庭财产与权力的传承与分配。嫡长子继承制不仅区别男女，还要区分嫡庶。所谓"不孝有三，无后为大"，一个家庭有无儿子特别是嫡子为继是至关重要的。这是中国封建社会由家至国超稳定结构系统的基础。但这一切在今天看来，已不合理。首先是血缘关系不仅取决于父亲，而且取决于母亲，子女基因型中的等位基因一半来自父亲，另一半来自母亲。既如此，家族关系中对女性的歧视自当在扫除之列，如神主牌位只供父不供母，家谱中只列儿子不列女儿，女性嫁人即去本名而从夫姓，等等。旧时对妇女"三从四德"的要求，亦当重新考量，"在家从父，出嫁从夫，夫死从子"，此"三从"均应改变。父女、夫妻、母子要相互尊重、相互爱护，而不是单向的女性服从男性。"妇德、妇言、妇容、妇功"这四德亦应分析，在女性讲究贤良淑慧之时，应加上女性自尊、自主、自信与法律所赋予的正当权利。

传统家谱除遭遇人权平等所带来的问题之外，更由于现代社会作为法制社会，必然使传统宗法制度发生根本改变。在中国古代社会中，家族规约除了道德约束之外，还有一定的法律规范。但这种宗法制度有浓重的私法性质，甚至可以私设公堂，判人死罪，如对男女私情惩以沉塘之刑。这在现代社会中是不可思议的。传统宗法制度中的私法规定于今不仅缺少法理根据，而且没有立法权力，故必须加以改变，使之只限于道德范围之内。反过来，则应在超越家族的社会范围提倡法制精神，而不是对守法、讲法及通过法律解决问题的法律意识加以限制。现代人要知法、懂法，也要善于依靠法律手段保护自己。中国传统社会舆论中对"讼事""讼师"的贬斥，是缺少法律意识的表现，也是以宗法代公法、以家法代国法的结果。

传统社会是一个以集体性优先的社会，而现代社会则以个人性优先为前提，这是传统家谱的编修产生诸多问题的根本原因。比如，家谱编修最重要的是分清代次、辈分及宗亲关系，依靠的是族人名姓的班行（字辈）。但现代人个性要求所致，往往不依此集体规约，没有班行（字辈），一族之人必然变得世系不清。如果家族后代或从双姓，或用单名，不按字辈命名，又怎么办呢？而且女性后代若按夫家姓氏取名，又怎么处理呢？

所以，今天的中国人要编修家谱，必须解决好三个问题：第一是女性问题；第二是个性问题；第三是法制问题。只有使家谱编修合于现代社会之理之情之法，才能使此一中国优秀传统能够真正延续下去。

以下是新编家谱的若干要义：

第一，自宗源史迹说起。借助已有研究成果，取其详略，择其概要，主要是向本族宗亲解说宗源脉络，增进历史信仰。对今人而言，还可重点介绍本族名人，以达到激励后人、兴旺宗族的目的。

第二，可制订凡例家训。凡例拟定编修家谱的目的、原则、方式、基本内容和对若干问题的处理，其中关键是找到在现代观念和现实情境中，如何将传统家谱的优点接入当前编修之中，使之具有合法性、合理性和可操作性，以适应当代生活之需，使中国文化传统得以保存并延续下去。

比如同性恋问题。现在已有一些国家立法允许和保护同性恋婚姻。既是婚姻，是否记入家谱？若领养后代，是否记入家谱？笔者以为当记，其实传统家谱对养子亦并不排斥。

比如单亲家庭。单亲家庭的子女与常规家庭同样有血缘关系，勿论随父随母，当然应记载于家谱中。至于单亲家庭中的另一方或父或母是否需要记载，则应尊重家父或家母的意愿，因为事涉个人隐私，不必强求。

比如三亲子女。有报道称，英国议会下院2015年2月3日通过一项法案，允许"三亲孕子"，"就是利用类似人工受孕的手段，将来自父母的基因与一位女性捐献者的健康线粒体结合在一起"，以改变母亲的基因缺陷。尽管"从女性捐献者引入的基因只占婴儿总基因的0.1%，而且线粒体有自己的基因，不会影响婴儿的相貌等特征。但是，这个校正基因不同于移植的器官，将会一代一代传下去"[1]。如果有这样的三亲关系，在家谱中如何体现？显然应在征求女性捐献者的意见之后，在家谱中作不同的记录。

现在编修家谱，如果要制定宗规家训，自当以倡导为主，因为现代生活缺少过去家族聚居所形成宗法制度的惩戒手段。而今天的道德提倡，从根本上讲乃是为了培养有知识、有文化、有人文修养、有自我理性、有独立人格、有法律意识、有生态意识和全球意识的国家公民。今天的宗规家训是对家族成员的道德导向和道德约束，也是家长对后辈的教育诉求和教育指针，主要是对家族成员个性精神和人格品质的期待。

第三，从确切祖上开始。要从上至下梳理宗亲关系，重要之处是解决班行（字辈）问题。既然要求每一位族人必须依班行（字辈）命名几无可能，那解决的办法只有一个，就是在认可既有姓名的情况下，为满足家谱按姓氏字辈编修的要求，在家谱中依班行（字辈）另命族名，以明确不同辈分及同辈关系，使家谱的编修能够延续下去。如笔者本姓郑，现从母姓"王"名"林"，郑家字辈应为"德"，家谱中出现的姓名即为"王林（族名郑德林）"。同理，女性后代从父姓，在本族家谱中亦按此处理。而在其父姓家谱中照样可以出现，

---

［1］引自：英议会下院为"三亲孕子"开绿灯[N]参考消息，2015-02-05.

图 0-2 《何为江湖？何为民间？》教学工作营全体成员合影

这样由宗亲联系而至社会网络关系，只有好处没有坏处。

另外，新编家谱总有世系缺失或资料不齐的情况，可以先注明不到不周之处，待日后查询补足。关键是大的代际宗亲关系要首先拟定。先求其准，再求其全。将宗亲关系和宗亲简介分列，可使族谱基本脉络更加突出清楚。

第四，以字辈分代分支。字辈旧称班行，是使家谱成为谱系，从而长幼有序、世代分明的关键。族人根据字辈来确定辈分高低，再加上各支派自定字辈谱，这样就可以从字辈谱的不同拟定中，区分出所出的支派。现在编修家谱，原有字辈可以沿用，如已失落，亦可根据现有的部分加以重新接续，这样可以为后代命名或命族名提供顺序。

传统家谱先分户，再分辈。这对古代乡村社会比较适合，因家族聚居以家庭为单位，人口众多的大家庭较多，数世同堂常见，五世同堂令人羡慕。现代社会家庭聚居某地的情形越来越少，同姓同支分居各处乃至全国各地的现象非常普遍。因此，家谱的编写先列字辈相同的同代人，再分支分户更方便于整理，亦便于同代人之间的相互联系。

第五，宗亲联络与组织。传统社会的宗祠是中国古代真正的神庙，不仅有"天地君亲师"（今当改为"天地祖亲师"或"天地国亲师"）的神龛，而且供奉列祖列宗的神位。但近代以降，破坏殆尽，即使剩下少数祠堂，大多也是作为文物或旅游景点，很少再有宗亲聚会的祭祀活动。致使宗族制度养育中国人伦理道德的作用荡然无存。现在将"清明"定为法定节日，算是一个开始。可见前述赖氏清明会的组织是很有道理的。祭奠逝去亲人的活动终于得到国家正式认可。但只有逐步恢复宗族祠堂，才有可能使中国人原有宗土信仰得以重建，中国民间也才能开始自我构建文化延续发生的基础。然而，祠堂重建谈何容易，但为了中华文化的复兴，必须努力而为之。

第一个层面是保护各地现有家族祠堂，而各氏祠堂可以对同姓开放，开展尊宗祭祖活动（亦可成为旅游的目的）。第二个层面是鼓动城乡各地重建家族祠堂，以使家族活动有向心聚集之所。考虑到现代社会家族居地的分散，也可在某城某家设置家族祭祀牌位，平素可就近展开家族聚会活动。还可在各地建立祖庙（称之为"百姓祖庙"或"百家祖庙"），让各姓家族陈列牌位，开放祭祀空间由各姓宗亲择日请祖祭祀。第三个层面，当今社会网络发达，联系方便，可以建立网络虚拟祠堂开展类似活动。各姓宗亲及支派宗亲亦可建立网站、网页或 QQ 群等，以加强宗亲交流与联系。

第六，编选照片及诗歌。传统家谱只有文字记载，少有图像资料。有"像赞"为祖先画像已殊为不易，但这些画像简单雷同，能够传达的历史信息不够。现在编修家谱，有摄影及影像印刷之便，可以将家族历史照片作为重要内容编入。

至于宗亲诗选，古已有之。其辑入内容，主要是吟咏家园、追忆历史、书写人生、感恩亲人等，用于保存家族记忆、交流宗亲感情、培育文化素养，其作用潜移默化，不可小觑。这方面内容可分为两类，一类是用于祠堂、神龛等布置的对联，与家族历史有关；二类是宗亲诗选，以思乡、怀旧、吟咏家事、抒发亲情为主。

从以上所述可见，编修家谱既是寻找记忆的过程，也是保留记忆的过程。人的历史记忆是具体微观的，有着很强的身体性。历史是不能忘记的。我们必须从保护第一种民间记忆开始，从个人真实的历史记忆开始，去重建中国文化产生的民间基础，去重塑中华文明延续的历史脉络。这是 21 世纪中国人该做必做的重要工作。由此，中国人或能对今天的世界文化和人类精神有所贡献。不然，我们将愧对列祖列宗——那些创造了伟大历史文化的先人们。

名师案例：家庭镜像的历史

⊙陈启基

图 1-1 艺术家陈启基

陈启基，1946 年出生于中国贵州石阡（图 1-1）。

曾举办《边缘·镜像》当代艺术展（阳明祠／贵阳／中国，2002）、《中国家庭——艺术计划》（诺地卡／昆明／云南／中国，2004）、《中国家庭——艺术计划》（德玛文化画廊／贵阳／中国，2005）、《中国家庭 2008》（锦瑟画廊／重庆／中国，2008）等个展。曾参加《第四届国际鞋箱雕刻展》（夏威夷／美国，1991）、《贵州油画大展》（贵阳／北京／香港，1993）、《第八届全国美展》（贵州省展览馆／贵阳／中国，1994）、《第一届中国贵阳油画双年展》（贵州省美协画廊／贵阳／中国，2001）、《第二届中国贵阳油画双年展》（贵州师范大学／贵阳／中国，2003）、《底层人文——当代艺术的 21 个案例》（宋庄／北京／中国，2007）、《中国当代艺术的身份与转化》当代艺术展（Uddevalla Bohusläns，瑞典，2007）、《中国当代艺术的身份与转化》当代艺术展（Kalmar/瑞典，2008）、《欲望现实》贵阳城市零件主题展（杭州／中国，2008）、《输家与赢家》当代艺术四人展（Gallery Dong Xi／东西画廊／挪威，2008）、《贵阳叙事——长征中的城市零件》（成都当代美术馆，2012）、第 55 届威尼斯双年展平行展《中国独立艺术展：未曾呈现的声音》（威尼斯，2013）、《后语境》扩展的边界和风化的故土巡展（武汉／上海／香港，2013—2014）、《临时关系》（北京，2015）等群展。

多件作品被贵阳美术馆（贵阳·中国）、成都 K·画廊（成都·中国）、斯民艺苑（新加坡）、月湖美术馆（上海·中国）、蓝顶美术馆（成都·中国）、53 美术馆（广州·中国）等收藏。

（一）历史的记忆（1900—2000）

1900年，英国牧师柏格理将文化传入贵州威宁石门坎。110多年过去，长期封存的历史积满了灰尘。当拨去一层层伪装的假象，拂去厚厚的历史尘埃，呈现的是曾经的海外天国、曾经的香港第二；曾经的苗族文化复兴圣地、曾经的苗族人才孵化摇篮……当柏格理、高志华、杨雅各布、张斐然甚至后来的费立波等鲜活的形象变成一座座荒茔，一百多年留给我们最可贵的只剩下记忆。

贵州石阡的天主教传入也近百年，并管辖二十八个县的堂口，建筑中西合璧，成为典范。带进医疗、收养孤儿，传入文化。

当文明传入一个尚未启蒙而蛮荒的民族，并让他们成为文化复兴圣地和人才孵化的摇篮，是何等的艰辛与辉煌。然而，历史留给人们的只有记忆、流传和教训。

文化渗透给世世代代的人们、渗透给每一个家庭。"家庭"是社会组成的细胞——微观细胞，从家庭可以审视社会，体味历史，品尝人世间的酸、甜、苦、辣以及生命的短暂与无奈。正是这座纪念碑似的装置之内涵所在。

贵阳，黔灵湖畔，无论绿荫盛夏、红叶深秋，还是冰雪寒冬，都有一群在职或退休、年龄四十多岁至七十多岁的游泳爱好者常年在一起，有二三十人，其中有科长、局长、书记，也有教师、职员、工人直至泥水工，职业五花八门，兴趣却一致。一年四季都在晨泳。他们还时而集体游玩野炊于郊外，是繁忙社会中的一个悠闲群体，社会中的一个"另类"。大家没有职业地位高低之分，无论贫穷富有，人人平等，亲如兄弟姊妹。我常和他们在一起，帮他们拍照。在幽默的欢笑声中逐渐了解、熟悉、友好，极自然地拍摄了一组《夕阳艳妆》。同时在他（她）们家中也看到了不少发黄甚至破旧的家庭合影老照片，让我爱不释手。

冬泳朋友是一个丰富的资源，后来还有更多的其他朋友加入《中国家庭》艺术活动。在他们的家庭成员中，有熟悉的，有不熟悉的。要和他们交朋友，得到他们的理解和支持，走进他们的家庭，去了解他们的家庭结构和家史，听他们讲述各种人生故事。

我像走进了一个个迷宫，走进历史的长河。从19世纪初英国牧师柏格理进入贵州威宁石门坎传播文化、清末民初到抗日战争、解放战争、抗美援朝，以及新中国成立前后的历次政治运动，对越自卫反击战，直到改革开放后的新生活，上百年间，整个民族的风起云涌、天翻地覆，家庭家族的兴衰荣辱、人世浮沉，每幅图片上都留下了瞬间的印记。有意思的是，照片从瞬间的拍摄开始，就逐渐变成了过去，当照片经历了若干年的岁月洗礼后，又出现在眼前时，过去的那种不经意的感觉已经转换成被时间岁月沉淀为物质的可视可触的岁月遗痕，不可捉摸的时间在运动，一点一滴地凝固在发黄的照片上，就像不断飘落的雪花一样，越积越厚。

时光在无声无息地消逝，人们虽然看不见它，它却毫不留情地刻下一道道痕迹。任何人都无法逃离时光的公平关照。如花似玉的姑娘变成了白发苍苍的老太太，英俊小伙也成了两鬓霜白的老人。我在整理这些照片时，为时光的流逝而感慨，从而引起对人生、社会的联想和思考。

1927年出生的刘文彬，河北吴桥人，1947年加入解放军，参加过济南战役、淮海战役。他还记得当时的两句口号："打进济南府，活捉王耀武！""打到南京去，活捉蒋介石！"之后又参加了解放上海、抗美援朝战争，在战场上他是通信兵，抢修被炸断的线路，背着伤员在死人堆里摸爬滚打。

新中国成立后，刘文彬支黔来到贵阳，在省电信局工程公司工作。1985年离休后过着简朴勤劳的生活。有一天到他家采访，他的老伴说："今天是我的生日，正好给我照张相吧！"我以为78岁的刘妈过生日，他的子女们会来庆贺一番。可家里冷冷清清，只有二老在家。刘妈说他们家不兴这些，孩子们工作忙，就和平常一样。刘伯每天早上游泳都带上老伴用手工缝制的小布袋去买牛奶，穿着孙子们废弃的校服，和老伴过着平淡的生活。几年前，四十多岁的儿子因病去世，给老人不小的打击，后来外孙到法国留学，又给老人极大的安慰。多年来刘伯还是每天清晨都出现在湖边。

2011年1月6日，一个寒冷的早晨，湖里结了一层薄冰，84岁的刘文彬完成了他一生最后一次冬泳后，回到家中，侧卧在床，自然闭目，没有一丝痛苦，平和安详，独自静静地走了。

1952年出生的吕宏新和我同住一条街，每天清晨一起骑着自行车前往黔灵湖或上游的小关湖游泳，沿途在崎岖不平的小路上还会不时拣到农民掉落的蔬菜。听说我做《中国家庭》，他第一个踊跃加入。他们家有六兄妹，父母都已去世。父亲在世时曾进过国民党的监狱。二哥在20年前也因病去世。五个家庭一听说此事，即刻把自己家里的新老照片全部搬出来，并说出照片背后的故事。他母亲祖上在清代是一个大家庭，一直兴旺到民国时期，他的外公1936年曾在我的故乡石阡任过县长。在做完《中国家庭》首展不久，四十来岁的六妹又因病去世。大约在2008年，宏新的儿子考上飞行员赴澳大利亚学习两年，亲友为之庆贺。2011年，儿子毕业赴深航飞行，而半年后就已六旬即将退休的父亲，因渎职罪被判刑三年入狱。当第一次开庭见到他时，他已白发苍苍，判若两人。

陈波，退休前任贵州省政府接待处处长，除游泳外，还饲养了很多鸽子，喜欢书法和摄影，是省老年摩托车俱乐部会员，曾参加过"东北万里行"活动，骑摩托车到达中俄边境，往返三个月。他既热爱生活又重传统、敬祖先，他曾抽出很多时间回老家收集整理家族史，自己编撰了一本"族谱"。回老家召集数百族人跪在祖先墓前，举行仪式并发送"族谱"。

在距贵阳市三十公里的地方，有一个青岩古镇，古镇里的车氏家族也是有名望的，家族中八十多岁的车宝华是退休多年的老教师。她的儿子艾和贤和我是几十年的老朋友，他也有六兄妹，一听说我做《中国家庭》。六个家庭成员就提着几大包影集来到母亲家，帮助选择照片。

　　……七十多岁的王运禄在儿时穿着小大人式的衣装，一双惶恐的大眼睛、下垂而不知如何是好的双臂让人忍俊不禁。彩照未出之前，他在黑白照上着色的"文化大革命"时代图片也非常精彩。

　　赵廷杰1959年的一张照片，是地质专科学校的学生合影照。照片两边的对联是"六亿人民乘东风，全民都找地下宝"，留下了时代的烙印。

　　像这种体现时代特征和个人经历的历史照片每家都有不少，他们拿起这些照片，就会非常感慨地想起那些年代的日日夜夜，甚至激动得老泪纵横。

　　人的记忆是一个很奇特的东西，它与不停流逝的时光不可分割。时间按它自身的规律不停地流淌，世间任何事物都不得不跟随它的流逝而变化、衰老、消亡。任何一个事物，都不过是一个记忆，过眼云烟，最后连这点微弱的记忆也许也会化为灰烬。犹如赖辛巴哈所说："我们处在被称为'现在'的这一流程的中央，但是，目前是现在的东西正在滑到过去中去，同时我们又移向一个新的现在，永远地留在一个永恒的现在中。我们不能制止这个流程，我们不能使它倒行，而使过去回来；它冷酷无情地载着我们前进，不让我们停息一下。"人们需要不停地追忆滑过去的过去，这个过去一天天地就变成了历史。尽管追忆历史的色彩已渐消退，剩下的也不过是一个远去的梦。尽管如此，历史是无法抹去的，人们总是尽力将情感保持在自己的记忆中或让历史留下一些痕迹，并依附于时刻向前移动的现在，在其上结绳记事，刻下印记，以表达情感或唤起自身、他人的思虑与怀念。

　　随着时间的流逝和生活一道道不断加深的印痕，历史的遗迹越来越厚重，这些斑驳陆离的印痕犹如往事在上面一幕幕掠过，进入精神的转化。

　　历史在岁月的长河中越去越远，它在人们的记忆中也越来越模糊。唯有人们个体零星的记忆仍在闪耀着最后的光芒。

（二）吕家故事（图片提供：吕宏新）

图 1-2
父亲吕志超青年时代
摄于 1938 年

吕志超，祖籍江西，1918 年生于贵阳。曾任国民党贵阳市"禁烟委员会"委员，20 世纪 40 年代曾因当时的"禁烟运动"得罪军统要员，入过国民党监狱（图 1-2）。

图 1-3
父亲吕志超、母亲刘宝琴结婚照
摄于 1947 年

吕志超 1947 年与刘宝琴结婚（图 1-3）。

图 1-4
前排左起：吕建虹　吕建寅　吕宏新　吕宏范
后排左起：母亲刘宝琴　吕建兰　父亲吕志超
摄于 1954 年

从 1947 年始，吕志超在贵阳豫章中学任教，刘宝琴在贵州银行（后为中国工商银行）工作。其时两人已有子女五人（图 1-4）。两年后吕志超被错划成右派，加之历史问题被判刑十五年。1972 年遇特赦出狱后，吕志超及其家庭慑于当时的社会舆论压力，始终不能正常回家，其间有约两年时间，独自一人居住在郊外的农舍里，直至落实政策平反后才得与家人团聚。但仍不便立即回家，所以其间与家人的几次会面均在暗中进行。

图 1-5
全家合影于光明相馆
摄于 1974 年

1974 年某日，全家人合影留念（图 1-5）。在去相馆的路上大家心情紧张，生怕遇到熟人，没料到还是碰上了熟人，据说一家人为此四处藏匿。不过照片上似乎看不出此前惊魂一幕的痕迹。

图 1-6
吕宏新外公刘树槐
摄于 1937 年

刘宝琴的父亲刘树槐，约摄于 20 世纪 30 年代（图 1-6）。

图 1-7
母亲刘宝琴家族合影
摄于 1938 年

刘树槐民国时期曾历任四川长寿县县长、贵州水城县县长、绥阳县县长和石阡县县长。1936 年红军一支部队黎明前进入石阡城，保安队长及事前召集的民团闻讯后，不通知刘树槐即率众弃城逃离，刘树槐不得已也随后出逃，后来他向上司递交了一封申辩函。一个多月后，刘树槐调往国民党贵州省政府任职，1954 年去世。这是刘树槐全家合影（图 1-7）。摄于 20 世纪 30 年代。

图 1-8
左起：姨外婆　母亲刘宝琴　外婆
前排：外侄
摄于 1935 年

刘宝琴 1921 年生于贵阳，这是 20 世纪 30 年代读女子中学时，身着童子军服与外婆外侄合影（图 1-8）。

图 1-9
前排左起：吕建华　吕建虹　吕建寅
中排左起：吕宏新　母亲刘宝琴
吕建兰　大姨妈
后排左起：吕宏范　三表哥　舅
摄于 1958 年

1958 年刘宝琴的大姐一家迁居东北，临行前刘宝琴带着六个子女与其大姐及其三儿子合影（图 1-9）。其时吕志超已入狱一年。大姐一家怕被牵连，迁居东北后与刘宝琴渐渐疏远，直到大姐的大儿子在"文化大革命"中亦遭受迫害并被打成臭老九、二儿子精神失常，两家才逐渐恢复了一些联系。

图 1-10
前排左起：吕建寅　吕宏新　吕建虹
吕宏范
中排左起：吕建兰
后排左起：表姐　母亲刘宝琴　表姨爹
摄于 1960 年河滨公园

1960 年，刘宝琴带领子女与亲友陈金父女留影（图 1-10）。时值三年困难时期中最困难的阶段。

图 1-11
前排左起：吕建华　母亲刘宝琴　吕建寅
后排左起：吕建虹　吕建兰　吕宏范　吕宏新
摄于 1965 年 8 月

　　吕志超入狱后，整个三年困难时期，刘宝琴独自支撑起全家九口人的衣食：除六个子女外，吕志超的母亲及刘宝琴的弟弟都靠她一人的工资生活，除刘宝琴本人、吕志超的母亲及弟弟外，六个子女通常连牙刷都是共用的。这是 1965 年刘宝琴与其余四个子女送长女吕建兰上山下乡，二儿子吕宏范到水利建设单位工作时的合影（图 1-11）。其间，刘宝琴为不使子女在就业问题上受到吕志超的牵连，已于三年前被迫与吕志超办理了离婚手续，此后十年间，刘宝琴再也没有去监狱探过监。

图 1-12
左起：吕宏范　吕志超　吕宏新
摄于 1972 年

　　刘宝琴与吕志超 1972 年复婚后，仍不便公开露面，这是刘宝琴到郊外农舍看望丈夫时，在农舍旁的草地上拍摄的复婚后的第一张照片（图 1-12）。

图 1-13
前排左起：舅　五姨　表弟　母亲刘宝琴　姨爹
中排左起：表妹　吕建虹　吕宏新　吕宏范
后排左起：表妹　吕建寅　吕建华　吕建兰
摄于 1971 年

　　1971 年刘宝琴率子女与从延安返筑的五妹刘碧琴合影（图 1-13）。

图1-14
吕宏范与吕建兰的儿童时代
摄于1952年

老大吕建兰1952年与弟弟吕宏范合影，时年四岁（图1-14）。

图1-15
大姐吕建兰的青年时代
摄于1964年

1964年，吕建兰十六岁时的留影（图1-15），两年后她为了学习当时的下乡知青董加耕、邢燕子等，同时也为了减轻家庭生活负担，报名当上了知青，来到乌当区洛湾公社罗吏大队。为争取进步，建兰表现积极，一次进城在贵阳城西小学厕所掏粪时，恰被正在该校读书的四弟宏新及其同学看见，令宏新十分难堪，据说当天建兰担粪回生产队途中扁担折断，粪便洒落一地，为不损失集体农肥，建兰用双手将粪便捧回桶中。在下乡期间，建兰曾多次被评为"五好青年"，事迹报道后，宏新引以为荣。

图1-16
吕建兰终于结束了七年的农村知青生活，全家在乡村合影
前排左起：吕宏新　母亲刘宝琴
吕建寅
后排左起：舅　吕建兰　吕建华
摄于1972年

1972年，一个下乡支农的公安干部来到吕建兰所在的生产队，了解到她的家庭情况后深表同情，该干部利用自己的工作关系，积极为建兰寻觅工作，后来又恰逢水田铁厂招工，于是牵针引线，上下奔波，终于使建兰结束了七年的知青生活，进铁厂当上了工人。这是刘宝琴带着几个子女到乡下接建兰返城时的合影（图1-16），照片中可以看到建兰喜悦的笑脸。

图 1-17
吕建兰全家合影
摄于 1995 年

几年后，吕建兰调入刘宝琴所在的银行，1975 年与应时黔结婚，1977 年生女应晖，1979 年生子应涛。应晖毕业于贵州大学外语系，现在北京工作；应涛毕业于某航天学院（图 1-17）。

图 1-18
三代人合影
左起：应涛　母亲刘宝琴
吕建兰　应晖
摄于 1979 年

刘宝琴当年怀抱外孙应涛在威西门的银行宿舍中留影（图 1-18）。三年后，即 1982 年，刘宝琴因病去世，享年六十一岁。

图 1-19
吕宏范少年时代
摄于 1959 年

老二吕宏范，1949 年生于贵阳（图 1-19）。读书时学习成绩很好，还酷爱文学和唱歌，但因为家里经济困难，不得不于中学毕业后辍学，于 1964 年到水电九局当了一名合同工。工作期间表现积极，很快转为正式工、技术员，1980 年被单位破格保送到成都地质学院就读岩体力学专业，毕业后在水电部贵阳勘测设计院从事研究工作。

图 1-20
吕宏范在北京治疗时与吕宏新、
刘庆新合影
摄于 1984 年 6 月

　　吕宏范工作后，为减轻家庭负担，每月均向母亲刘宝琴汇寄二三十元钱，这在当时无异于雪中送炭，所以宏范深得家人的敬重，被视为吕家的顶梁柱。进入勘测设计院之后，宏范的主要工作，即是作水库大坝砼的强度试验并经常出入于刚刚爆破的现场，提取岩样进行研究，因此其身体以及呼吸系统备受影响，后转为肺癌，终于不治，于 1985 年去世，年仅三十六岁。这是去世前，四弟宏新与三妹夫刘庆新送他到北京治病时在天安门前的合影。

图 1-21
吕建寅、刘庆新与女儿
刘莉莎合影
摄于 1978 年

　　老三吕建寅，1951 年生于贵阳，1977 年与刘庆新结婚（图 1-21）。驾驶第一列火车进入贵阳的火车司机就是刘庆新的父亲。

图 1-22
刘庆新、吕建寅与女儿　刘莉莎合影
摄于 2003 年

　　吕建寅从小热爱唱歌跳舞，理想就是长大后能从事文艺工作，但限于种种条件，这个心愿始终难遂，好在女儿刘莉莎已从云南艺术学院导演系毕业，现居新加坡，从事导演工作，终于圆了她的梦（图 1-22）。

图 1-23
袁凤鸣、吕宏新与儿子
合影于贵阳照相馆
摄于 1983 年

老四吕宏新，1952 年生于贵阳，喜好游泳，已坚持三十余年。这是全家人的合影（图 1-23）。

图 1-24
吕宏新的少年时代
摄于 1968 年

吕宏新是六兄妹中最顽皮大胆的一个（图 1-24）。1966 年，因"文化大革命"开始，其居住的银行宿舍内设立了南下串联接待站，宏新得以认识两个河北省张家口中学南下串联的初三学生。在他们的撺掇下，宏新怀揣母亲给他理发用的三毛钱不告而别，跟着两个学生辗转来到北京，参加了毛泽东在天安门对红卫兵的第五次或是第六次接见。二十天后，宏新用学生证在北京办理了回程的手续，并在北京红卫兵接待站得到两个解放军代表馈赠的一件军大衣和三元钱以及三斤全国粮票。宏新感激之余，当即在接待站写下一篇感谢信，题目是"见到你们格外亲"。那段经历在宏新的记忆中铭刻至深，至今还记得两个军代表中，有一个戴着窄边框眼镜的军代表其亲切形象。

图 1-25
吕宏新的青年时代
摄于 1970 年

因吕志超的关系，宏新在入队、入团、工作等问题上均受到影响。1970 年宏新终于参加工作，还当上了民兵，照片上的宏新手握钢枪，无比兴奋（图 1-25）。

图 1-26
吕建虹、胡桂林与女儿胡意
摄于 2003 年青云路河边

老五吕建虹 1954 年生于贵阳。1980 年与胡桂林结婚，1987 年生女胡意，胡意现在医院工作（图 1-26）。

图 1-27
吕建虹在修建湘黔铁路时留影
摄于 1970 年都匀相馆

建虹 1969 年中学毕业后，参加修建湘黔铁路时的留影（图 1-27）。

图 1-28
吕建虹的青年时代
摄于 1972 年

1972 年，老五建虹去看望当知青的大姐建兰时，在知青点的小河边留影（图 1-28）。

图 1-29
吕建华在银行宿舍小院里拉小提琴留影
摄于 1976 年

老六吕建华 1956 六年生于贵阳，由于她自小喜好音乐，宏新用自己第一个月的工资为妹妹买了这把小提琴，这是她在银行宿舍的小院里拉小提琴（图 1-29）。

图 1-30
吕建华与刘晓庄送儿子上大学
合影纪念
摄于 2002 年

建华因患癌症医治无效，于 2005 年 8 月去世；同年，丈夫刘晓庄被评为贵阳市十佳法官。其子刘弦，2006 年毕业于贵州大学外语系（图 1-30）。

图 1-31
吕宏新与父亲合影
摄于 1999 年

吕志超 2000 年去世，享年八十三岁。去世前三年已患老年痴呆及糖尿病，数次离家出走均被找回。临终前一天，家人不约而同地分别去花溪疗养院探望并合影，老人也似有预感，临别时两眼噙泪，依依难舍。这是 1999 年 11 月 26 日吕父在世时的最后留影（图 1-31）。

名师案例：武家四代与艺术

⊙武　艺

图 2-1　艺术家武艺

武艺，1966 年 3 月 8 日生于吉林省长春市，祖籍天津宁河。1993 年毕业于中央美术学院国画系，获硕士学位并留校任教。现任中央美术学院壁画系副教授（图 2-1）。

著有《巴黎日记》《武艺水墨画集》《德国爱莎芬堡组画》《今日中国美术丛书——武艺》《逸品图册》《大船》《逗留》《穿行》《复兴路 9 号》《那些地方》《中国艺术家年鉴·武艺卷》《布拉格之夏》（捷克版）、《心律集——武艺卷》《先贤像传》等多部个人旅行日记及作品专集。

作品曾展览于中国美术馆、今日美术馆、上海美术馆、广东美术馆、深圳美术馆、新加坡国家美术馆、德国柏林国家美术馆、东京艺术大学、日本福冈亚洲美术馆、美国费城现代艺术中心、马来西亚国家美术馆、韩国首尔市立美术馆、澳大利亚悉尼美术学院美术馆、台北国父纪念馆、克罗地亚萨格勒布当代艺术博物馆。

曾举办 "游于艺·敦煌——武艺个展"（MEBOSPACE 美博，北京，2015）、"逍遥游：武艺个展"（蜂巢当代艺术中心，北京，2014）、"布拉格之夏"（Galerie Vaclava Spaly，捷克，布拉格，2013）、"简·武艺作品展"（久久画廊，德国，爱莎芬堡，2007）、"武艺作品展"（清华大学美术学院美术馆，2001）、"武艺画展"（深圳美术馆，1998）、"武艺作品展"（中央美术学院美术馆，1993）等个展。

曾参加 "洗砚——2015 中国当代水墨艺术美国巡回展"（纽约州宾汉顿罗伯森博物馆、马里兰大学美术馆、迈阿密达德学院艺术画廊，2015）、"中国现代艺术展"（托伦斯艺术博物馆，美国洛杉矶，2014）、"威尼斯双年展平行展"（威尼斯，意大利，2013）、"原道——中国当代艺术新概念"（香港艺术馆，香港，2013）、"中国水墨百年——卢浮宫卡鲁塞尔邀请展"（卢浮宫，巴黎，2012）、"来自中国的当代艺术"（佐治亚大学美术馆，美国佐治亚州，2011）、"中国式书写——当代艺术展"（今日美术馆，北京，2011）、"改造历史：2000—2009 年的中国新艺术展"（国家会议中心，今日美术馆，北京，2010）、"中国性——2010 当代艺术研究文献展"（苏州本色当代美术馆，成都明天美术馆，2010）、"墨非墨——中国当代水墨展"（波兰华沙王宫博物馆，匈牙利农业博物馆，罗马尼亚现代艺术博物馆，克罗地亚科学艺术院雕塑博物馆，2009）、"水墨新境——中国当代水墨展"（德国柏林国家美术馆，德累斯顿国家艺术收藏馆，2008）、"新时期中国画之路 1978—2008"（中国美术馆，北京，2008）等群展。

（一）武姓家谱吊线图

年代推标

1997年 -79 → 武梁死时武国潘8岁，故死时距今已79年。

1981年 -83 → 武梁死时年号。武梁享年83岁。

1835年 -20 → 武梁出生年号。武梁父比武梁年长约20岁。

1815年 -20 → 武梁父出生年号。武爷比武梁父年长约20岁。

1795年 -20 → 武爷出生年号，由此年号往前推20年可能正是和坤丫环和武××结婚年号。

1775年 → 武太爷出生年号。

（武铁夫回忆：他小时候陆武氏说祖上有一位武家贞妇，丈夫死后留下几个孩子，她不改嫁，回到娘家后仍不改嫁，后把晋关公回到武家，使武姓家族得以后续。）

武坤×环与丫结婚和 — 武×× — 武××

（老一）武梁

（老二）武梁

（老三）武柱

武叔菊
武学梅
武学玲
武学屏
武守山
武淑香
武淑玉
武淑艳
武淑娟
武守永（大学）
武守坤（大学）
武淑雯（大学）
武守元（大学）
武守奎
武淑敏
武向阳
武守东
武守秋
武守春
武淑正
武立成
武淑明
武立崇
武淑英
武淑芬
武淑琴（大学）
武淑荣
武淑奎
武淑贤
武立芸
武淑新
武将（硕士）
武艺术（大学）
刘刚（大专）
武岳（大专）
逯遥（大学）
武立杰（大学）
武立群（大学）
武红（大学）

国安及其夫　万国权
武铁锁
两个国女
武铁本（经理）
武铁强（经理）
武铁存
武铁岩（高工）
武铁民（干部）
五个国女
武铁山（干部）
武铁铮（干部）
国女
武铁生（高工）
两个国女
武铁红
武铁土
武铁钟英
武金姜
武玉姜（教师）
武铁汉（教师）
武铁敏（高工）
武学英（工程师）
武铁夫（副局长）

沈昆华
沈楼华
沈长华
沈淑华
武铁钢
武铁义
武铁誉（干部）
武铁志（干部）
武宁
武威
玉
武红青
武红猛

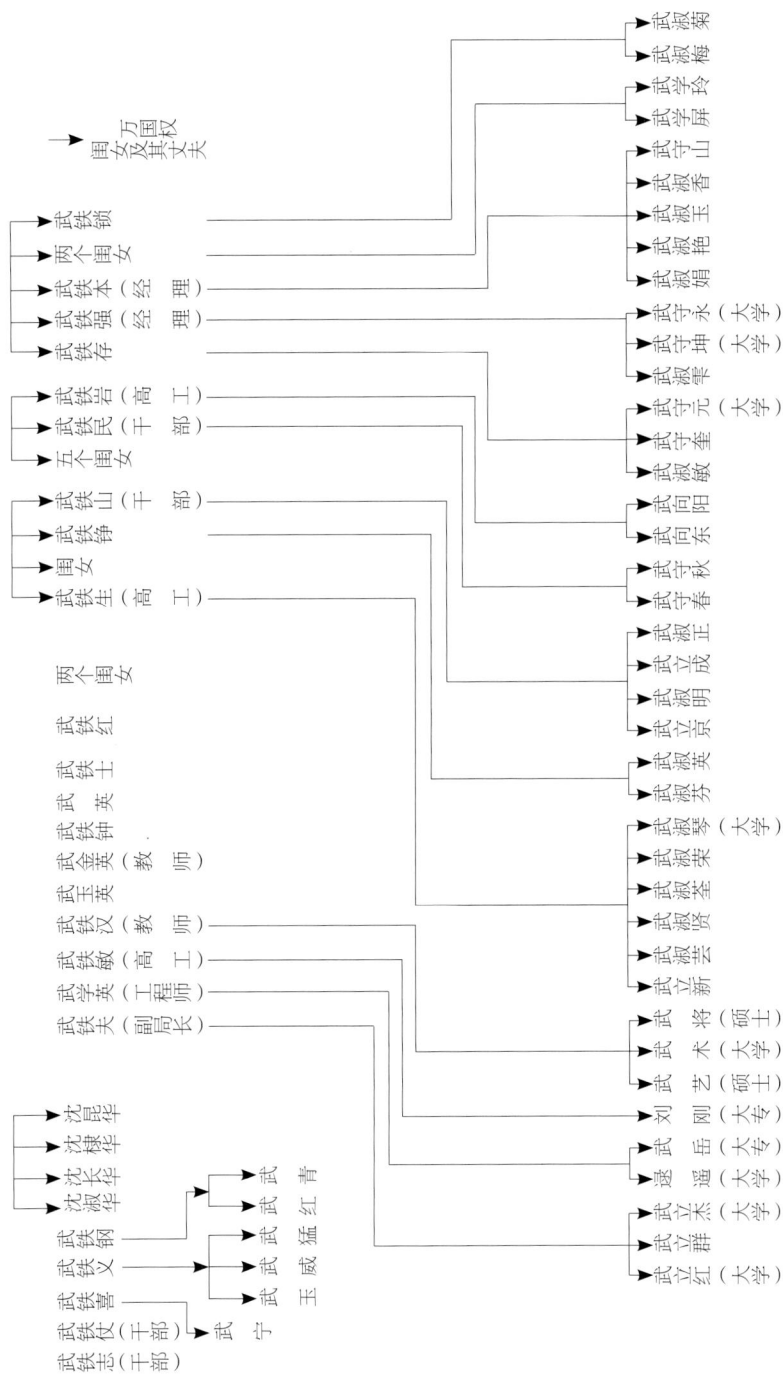

注：此家谱国字辈以前由武国潘口述，国字辈以后由武学英（武国潘长女）回忆，后由武铁夫（武国潘长子）补充、更正，由武学英夫夫逯逯执笔，由于年代久远及家庭居住分散，故有些情况不详，希知情者更正、补充（1997年9月）。

（二）武姓家庭成员概况[1]

听我奶奶说，清朝乾隆末年（1795 年左右）和珅宰相被抄，和珅丫环嫁给我爷爷（武梁）的太爷。据说祖上是山西武家垈宁河西棘坨。

（1）我爷爷叫武梁，武梁是兄弟三个，老大叫武栋，老二叫武梁，老三叫武柱。他们以种地、刷红纸、卖神纸为生，在丰台开了三家作坊，经济条件好转后，盖了两处院子。东院两层，西院三层并有厢房、磨棚、碾棚、牲口棚。还在丰台设家馆请先生教孩子们读书。他们把小户人家变成大户人家。

武栋没有儿子只有两个闺女，曾口头上说把武显忠、武显成过继给他当儿子。武栋、武柱享年五六十岁。武梁及妻都享年八十三四岁。武梁年近八十岁时还在丰台边拉土垫了四亩小高地（水不会淹），年年丰收。武显功对武梁（他二伯父）很孝敬，每天只要回来就从猫道中把香肠递进来，供他二伯父喝酒吃。武梁去世时，我大约八岁，已知道哭了。

（2）武显忠做买卖跑东北，人厚道，后背生疮而逝，享年六十多岁。

武显庭自幼勤劳，广交朋友，初到开平学徒（粮栈），后在北京西直门外开"庆成栈"，沿京绥线有九处分栈，武显庭是总负责人，生意兴隆。赚钱后在西棘坨买了 200 亩地，盖了五间砖瓦房。1923 年还在西棘坨创办学校。1924 年给我奶奶庆寿（八十岁），并给我结婚。喜事中，直隶省教育厅赠匾："栽培后起"；庄子上赠匾额："萱帏春长"；丰台各买卖家合赠匾："寿母燕喜"；摆了五十桌"燕窝席"，花了三千多现大洋，铺张浪费。后"庆成栈"也逐渐衰落下去了。到了 1940 年在北京鲜鱼口集资三万多现大洋开"广来永"纸烟行。由于货币贬值，生意不景气，武显庭后回家操持家务，1957 年去世，享年七十四岁。

武显功在丰台西门外"永泉长"当掌柜时间长，后在家操持家务，武显功

---

[1] 1997 年 3 月由武显庭的长子武国潘（时年八十七岁）口述武姓家谱。

妻子四十岁左右暴病脑溢血而逝。

（3）武国琳等国字辈都有文化，都在外干事或做买卖。尤其武国瑞、武国琛、武国珩在东北卖画货，每年至少挣二千或三千现大洋，经济条件好，供武铁生在北京高级工业学校土木科上学。武国潘自幼上学，学买卖，后吃劳金，1938年前后跑绥远卖现大洋赚了一千多现大洋，回家买地二十多亩，供武国勋上学并给他娶媳妇，还在北京"广来永"投资当少掌柜，之后做买卖，新中国成立后做小买卖，1956年公私合营，任东四区回收站副主任，1966年退休至今。武国勋新中国成立前在丰润县师范毕业后在京华美专学国画，绘画有较高水平，在日本有一定知名度，又在甲骨文上有一定研究，生前是吉林省博物馆研究员，1996年去世，享年七十八岁。

（4）武铁生年龄比武国勋小一岁，新中国成立前在北京高级工业学校土木科留日预备班上学，后到日本留学两年，回国后在北京建设总署工作，新中国成立后到了太原，高工。

武铁夫自幼聪明，学习成绩屡列前茅，后留学苏联，回国后一直从事人防工程，职务相当于副厅级。

武铁岩，天津大学土木系毕业，对人热情，好帮助人。在北京一直从事土木工程工作，高工。

武铁强、武铁本有经济头脑，敢于创业，目前已具有一定经济实力。

武铁汉受其父武国勋的熏陶，绘画有一定水平，并培养三个孩子考入中央艺术类院校。

（5）武立红（女），建材学院毕业，现在北京市建材研究所工作，任科长。

武守坤、武守永都是北京航空学院毕业，并都在深圳"航空大厦"航空进出口公司工作，武守坤任处长，武守永任分公司经理。

武艺，中央美术学院国画系硕士毕业，现在中央美术学院任教。

武术，中国戏曲学院舞台美术系毕业，现为职业艺术家。

武将，中央美术学院版画系硕士毕业，现为中央美术学院教师。

（三）武家四代与艺术

图 2-2　武显庭像　年代不详

1. 曾祖父武显庭

　　武显庭（1883—1957），天津宁河人（图 2-2）。自幼勤劳，广交朋友，初到开平学徒（粮栈），后在北京西直门外开"庆成栈"。沿京绥线有九处分站，武显庭是总负责人，生意兴隆。赚钱后在宁河老家西棘坨买了 200 亩地，并于 1923 年创办学校，直隶省教育厅赠匾："栽培后起。"（后"庆成栈"也逐渐衰落，到了 1940 年在北京鲜鱼口集资三万多现大洋开"广来永"纸烟行。由于货币贬值生意不景气，武显庭回老家操持家务，1957 年去世，享年 74 岁。）

2. 祖父武国勋

　　武国勋（1919—1996），晚号未央公，天津宁河人（图 2-3）。20 世纪 20 年代毕业于丰润师范。20 世纪 30 年代就学于京华美专，师从蒋兆和、邱石冥、陶一清、周怀民诸先生。20 世纪 30—40 年代任教于武昌第一师范，后任吉林省历史博物馆研究员，从事考古研究。晚年多作水墨画，画风古朴、雄浑，是其一生综合修养的体现。

图 2-3　武国勋在进行古代青铜器的研究工作　1948

图 2-4　祖父武国勋像　60cm×50cm　布面油画　1992（武将绘）

图 2-5　祖父武国勋　88cm×70cm　纸本水墨　1986（武艺绘）

3. 记忆中的父亲武国勋

新中国成立前

在我的记忆中，那时，家住在长春市西安桥内的一幢临街的二层独栋小楼内。院内还有一幢独栋日式平房。屋内都是日式装饰，没有床，直接上炕，铺的都是草垫子（用布包裹着），日语为"塔嗒密"。墙角的壁炉，日语为"瘪立搭"，这些房子在日伪时期都是日本人建的。现在如长春伪皇宫旧址、空军医院、省委、省政府大楼、吉林医大基础楼、医大一院、三院等较大的建筑，仍然保存着。建筑样式属于"歌德式"建筑，窗户很小，整体感觉像一座城堡，有一种厚重、敦实的感觉。

家里几口人住得蛮宽敞的。父亲（武国勋，图 2-4、图 2-5）除了每天上班时间外，总是见他在后院书房里，一个人不是在读书，就是在写字画画。一待就是好长时间，只有我母亲叫他吃饭时才会出来。有时我偷偷地待在他身边看着他写字画画，有时画花鸟，有时写字（篆字、行书），非常羡慕，决心长大像父亲一样。我有时在书架前翻看各种画册，但父亲很少发现我的存在，因为他的精力太集中了。

逃出国统区　来到解放区

1948 年国民党死守长春，群众没吃的，有的饿死，有的仅靠一点点米维持生命。出卡子，逃出国统区是唯一的一条活路，不然会饿死的。

我父亲推着手推车，车上有简单的衣服和行李，我妹妹坐在车上。过郊区国民党哨卡时，几个国民党兵手拿刺刀在手推车上乱翻、搜身、连鞋都得脱掉，用刺刀挑着鞋，看里面是否有金银首饰，态度非常蛮横。当时，把我吓得要哭了。父亲非常生气地说："我一个穷教员，哪来的金银首饰？"瞧我们一家人这个样子，就把我们放过去了。

手推车在枪林弹雨中行进着。不长时间，从前面远处跑来几位身穿解放军服装的男女战士，他们面带笑容非常热情地迎接我们，有的帮推车，有的抱着我妹妹，真是像见到亲人一样。他们把我们安排到部队里住下，给我们端来了热饭热菜，并嘱咐我们有事找他们。部队首长找父亲谈话，问他是否愿意留下来，还是到地方。父亲和我母亲商量后决定还是到地方去。部队把我们送上开往吉林市的火车。

在德惠

当时长春没有解放，吉林市（原省会城市）已经解放了。因为是国统区来的，都要根据人员分类进行培训，我父亲教员出身，所以被安排在省教育厅培训班学习。经过几个月的短期培训，最后分配到德惠县中学任教。

图2-6 武国勋在武昌一师与爱犬莱甫 1933

我父亲任德惠中学美术教师，在我印象中基本上看不到父亲的身影。据我母亲说，他很忙，白天上课，还有学校的宣传工作，画毛主席像、朱德像，写宣传标语，晚上，还给县里老干部讲党课（新中国成立初期老干部大部分没有文化）。由于干得好，父亲被评为吉林省模范教师。

我在德惠县第一完小读书时，接受了新中国成立后的第一次学生身体检查。检查结束后，老师把我父亲找到学校，并对我父亲说："这次身体检查，你的小孩贫血，但问题不大，加强营养过一段时间就好了。"回来后，父亲告诉我母亲多给我吃点鸡蛋，到前院小铺经常买些花生吃，补补就好了。这次贫血主要原因是新中国成立前困在长春时我曾险些饿死。

小学三年级，历史课讲人的进化，讲的是类人猿怎样进化到人的，学校举行师生教具作品展。我根据教材里的插图，塑了一个类人猿组雕，用黄泥塑的，干后全裂了，后来父亲教我说，黄泥得放盐和碎麻，这样就不裂了。在父亲的指点下，类人猿组雕终于完成了，送到学校后受到老师的好评。

建馆之元老

图2-7 武国勋由上海至北京途经东海 1946

1952年，我父亲调入省文化厅筹备吉林省博物馆的建馆工作，父亲是当时三位建馆元老之一。整天忙于搜集文物展品、准备陈列布展、培训解说员等工作。展览总体设计、门面布置、广告宣传等都由我父亲负责（因为他是学美术的，又懂历史），忙得不能回家，吃住在馆里。

猕猴

有一次，部队首长把从四川带来的一只猕猴送到博物馆。当时馆里抽不出人来喂养，为解决这一困难，就把猴暂时放在我们家由我母亲喂养，这样我父亲可以经常有机会接触猴，观察它的特征和动态，了解猴的习性，为后来画猴奠定了基础（图2-9）。猴是很聪明的，不久就学会了"行礼""翻跟头""握手"等动作，非常讨人喜欢。后来省会由吉林市迁到长春后就将猴送给了当地公园。

门厅布置　文物保护

建馆初期，我父亲在省博物馆主要从事地方史的研究工作，经常抽出部分时间搞一些室内布置及文物宣传工作，如用国画形式装饰馆内门厅的屏风、绘制保护历史文物的宣传画，这些宣传画印刷后发往全省各地，进行保护文物宣传。画面画的都是需要保护的古建筑和石碑等文物，是用水彩和水粉画的，原作和印刷品我都看过，当时看感觉非常好，像真的一样，无论是水的运用，干湿画法的结合，还是色调鲜艳而统一，真像一幅幅漂亮的风景画，让我爱不释手。

走访名家　深受熏陶

1956年，首届吉林省国画展在省会长春展出，父亲应美协邀请成为展会评委。当时，在扶余中学任美术教师的王庆怀先生的"松江烟云"荣获全省一等奖。会后，由我父亲引荐到吉林艺术学院任教。我父亲与王庆怀是北京同学、老朋友。后来王庆怀被提升为美术系主任、副院长等职。我父亲与王庆怀先生来往密切，经常在一起切磋有关中国画诸问题。有时，随父亲一起去王庆怀先生那里在旁聆听，获益匪浅。

在家的日子里

20世纪60年代初，父亲用泥塑了一组雕塑"苦难人间"，表现的是旧社会母女俩讨饭的情景。母亲骨瘦如柴，双目失明，手拄着一根打狗棍子，弯着腰，一只颤抖的手在乞讨。在母亲身边的小女孩手端着一个破碗，用手擦着流不尽的泪水。这组雕塑是受他的老师蒋兆和先生影响——深入底层，表现平民百姓生活的一个真实写照。泥塑完成后，用水粉着了色，更增加了整组雕塑的感染力。

当你看到这组雕塑时，仿佛回到了那个年代的生活场景，不自觉地会掉下同情的眼泪。他的好友佟雪凡（工艺美术家）看后连声叫绝，称为"神品"。可惜，由于时间和其他原因没能保存下来，非常遗憾！

当时，父亲还画了一些工笔花鸟，用篆书写了毛主席诗词，挂在我的卧室兼画室的墙壁上，使画室增加了很多艺术气氛。有时，父亲带我到旧书店翻阅旧字画，增加我的鉴赏能力。这个阶段受清真寺的邀请，帮助画些壁画和建筑彩绘等，受到好评。

父亲为我和其他画画的朋友刻了一部分图章，如东北师范大学艺术系的陈有吉老师、长春画院院长许占志及出版社、艺术学院的朋友。边款刻得非常好，没有一定功力是刻不出来的。

父亲的好兄长

当我以数学、语文满分的成绩由吉林省实验小学考入吉林省实验中学时（全省招生，外地学生住宿，本市学生走读），面临路远上学困难的问题，当时，学校在吉林市北山脚下，我家住省博物馆宿舍劳动公园东侧，有十来里路程。没有公交车，骑自行车上学是唯一的选择。但是没有自行车怎么办？我和父亲商量是否能买一辆自行车。过两天，父亲让我给在北京的伯父写信商量是否能帮助解决这一困难。写信说明情况后，伯父很快从北京寄来五十元钱，买了一辆平把二八式的旧自行车，问题解决了，父亲让我立刻写信谢谢伯父伯母，并且说："他们的生活是非常俭朴的，平时，每顿饭都非常简单，有时馒头就点花生米。对亲朋好友甚至于乡亲们都是舍得帮助的。"

我从小就喜欢画画。在吉林省实验小学读书时，经常被美术老师叫去帮他画布景（学生演出用的布景）。我非常羡慕美术老师，人长得很帅，大个，走起路来非常精神。不光是这样，据说他还是东北美专（现鲁迅美术学院）附中毕业的，他画的水彩风景画挂在走廊上，好看极了，我总是在他的画前看不够。

上中学后，美术老师王维新又是我非常敬佩的老师，他早期在上海举办过个人画展。很有气质和风度（不是装出来的，人很俭朴），他的美术课同学们

图 2-8　武国勋　雄姿邈世　逸气横生
139cm×68cm 纸本水墨　1991

图 2-9　武国勋　寿考图
139cm×68cm　纸本水墨　1991

都很愿意上，讲课风趣，语言幽默，图文并茂。经常把他的作品展示给同学看，我记得他画的"北山水彩风景"，画得太好了。另外，还介绍画得好的同学作品，如高一的赵勤同学利用暑假画了一千多张速写，并展示给同学们看，大家都惊呆了。赵勤现在是吉林电视台首席摄像，毕业于北京电影学院摄影系（同年也考上了中央美术学院油画系，但选择了摄影专业），是吉林电视台建台第一批摄像。就在这样一个环境下，不想画画的同学也对美术产生了兴趣。何况具有绘画浓厚兴趣的我就更按捺不住绘画的激情了。

画画得需要图画纸，当时在吉林市买不到。怎么办？父亲说跟你伯父商量是否能从北京寄点图画纸来。信发出后，没过几天，一大捆图画纸从北京寄来了（整开的）。是伯母扛着图画纸到邮局给寄来的。多么不容易啊！伯母还是小脚，当年五十岁左右。我父亲说："马上回信，谢谢伯母，你要好好学习，将来报答伯父伯母。"为了侄子画画，吃了那么多苦，这是我终生难忘的。

（武铁汉　撰）

图2-10
父亲武铁汉像　100cm×80cm
布面油画　2009（武将绘）

4. 父亲武铁汉与母亲王慧

武铁汉（图2-10），1939年生于北京。全国美术教育研究会会员，吉林省美术家协会会员，吉林省美术教育研究会副秘书长，吉林省教师美术作品展评委，吉林省教育学院兼职美术教研员，吉林省美术教材编委、副主编，长春市美术教育研究会副理事长，参加历届吉林省美展，出版儿童读物及美术作品多部。

王慧（图2-11），1941年生于长春。中国工艺美术学会会员，吉林省美术家协会会员，吉林艺术学院传媒学院退休教师。

图2-11
王慧于陕西博物馆　2010

5. 我的父亲母亲

父亲在少年时代是滑雪运动员，曾经在全国比赛中取得过名次。后来，他逐渐对绘画产生了兴趣。20世纪60年代初报考美术院校时，因为祖父被划成"右派"，未能被录取。在那个年代，人的出身往往决定人的命运。

这也是父亲一生的遗憾。我们兄弟三人先后就读于艺术院校，在某种程度上弥补了父亲的这种遗憾。从20世纪60年代的木刻到70年代的油画，再到80年代的承德水墨写生，从这些作品中可感受到父亲造型基本功的扎实及修养的全面（图2-12）。我的绘画基础就是父亲严格训练打下的。直到今天，当时觉得极为理性与枯燥的基础训练仍在我的绘画创作中起着重要的作用。

母亲是勤劳而富于天才的，她在20世纪80年代初曾沿西北一线考察写生（图2-13、图2-14），五六本厚厚的速写本记载着她对传统艺术的热爱与迷恋。我在高中、大学，直到现在都不时地在读母亲的这些心得，每次读都有不同的体会。母亲并未出生在艺术之家，姥姥与姥爷都是极为善良的普通人，但她对艺术却情有独钟。这来自于她的天性和对艺术的感受力。她看待艺术问题常常很宽容，古今中外都有她感兴趣的东西，所以母亲的作品总是那么有感染力。

（武艺 撰）

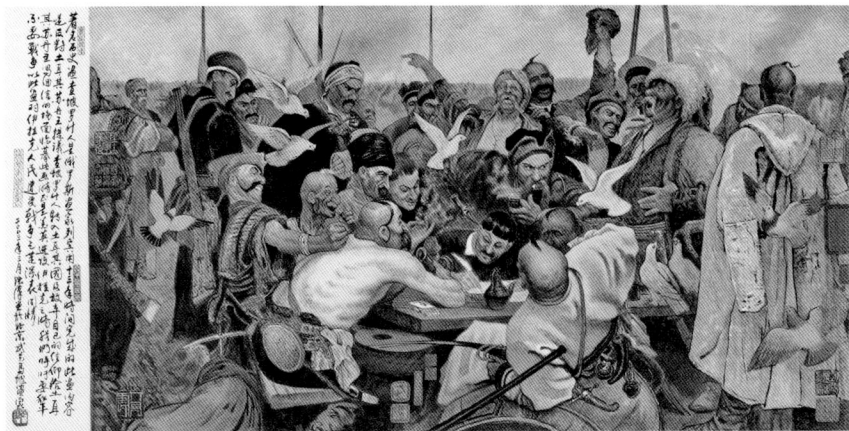

图2-12 武铁汉 和平鸽（原作：列宾—查波罗什人写信给土耳其苏丹） 200cm×350cm 纸本水墨 2003

图2-13　王慧　临摹永乐宫壁画
200cm×100cm　高丽纸白描
1983

图2-14　王慧　临摹永乐宫壁画　230cm×180cm
高丽纸彩墨　1983

6. 武艺作品选

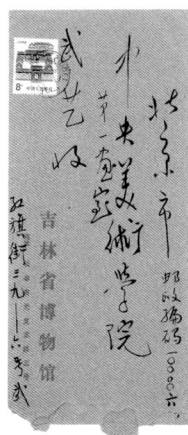

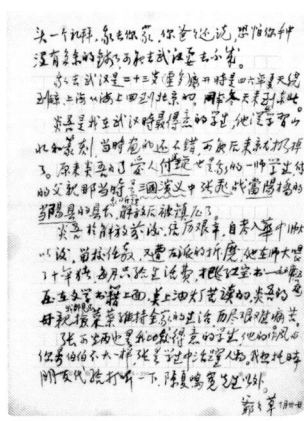

图2-15　武国勋给武艺的信　1986

图 2-16　武艺　丰收图　71cm×47cm
纸本水墨　2011

图 2-17　武艺　仿古高寿图　38cm×28cm
纸本水墨　2011

图 2-18　武艺　晨　66cm×44cm
纸本水墨　2011

图 2-19　武艺　夜　91cm×190cm
纸本水墨　2009

图 2-20　武艺　新马坡组画之一
97cm×168cm　纸本水墨　2004

图 2-21　武艺　新马坡组画之三
97cm×168cm　纸本水墨　2004

名师案例：一个人的社会史

⊙王　林

图3-1　批评家王林

王林（族名郑德林），曾用名郑中安，1949 年生，籍贯辽宁海城牛庄南关。生于西安和平里，长在重庆南纪门。历 8 年知青上山下乡，返城为中学教师。1977 就读于重庆师范学院中文系，1982 年本科毕业到四川美术学院任教至今。1985 年赴中央美术学院美术史系学习。现为四川美院教授、硕士生导师，西安美院客座教授、博士生导师，西安美院中国当代艺术教学研究中心主任、重庆市美术学学科带头人，重庆市文史研究馆馆员，国家当代艺术研究中心专家。

有 13 部著作及 50 多种编著出版，在海内外发表美术评论及理论研究文章 800 多篇。曾获重庆市名师奖、重庆市社会科学优秀成果一等奖、意大利伟特拉拉银信诗歌国际双年展银信奖等。《美术批评方法论》《美术形态学》两部著作分别列为"十五"和"十一五"国家级规划教材。

曾策划 1991—2000 年《中国当代艺术研究文献展》1—6 回及巡回展，前后 30 多次展览，在北京、上海、广州等全国近二十个城市展出。曾策划 1993 年《九十年代的中国美术："中国经验"画展》（成都四川美术馆）、《美术批评家提名展》（北京中国美术馆）、1996 年首届《上海（美术）双年展》（上海美术馆）、1999 年《"失语"装置艺术展》（重庆沙坪公园旁）、《互动时代——长江上中游七省一市中国画展》（重庆大都会）、2002 年《"再看 77、78"艺术邀请展》（重庆四川美术学院陈列馆）、2003 年上海春季艺术沙龙首届青年艺术批评家论坛（上海春季艺术沙龙）、2006—2009 年上海艺术博览会青年艺术家推介展（上海国际展览中心）、2007 年《卡塞尔文献大展 50 年——移动的博物馆》中国展学术研讨会（重庆美术馆）、《底层人文——当代艺术的 21 个案例》（北京宋庄艺术节）、《后先锋——中国当代艺术的四个方向》（香港安亭拍卖公司）、《从西南出发——当代艺术展》（广州广东美术馆）、策划中国美术批评家年会并担任 2008 年第二届轮值主席、北京七九八艺术节及主题展《艺术不是什么——当代艺术的 45 份问卷》（北京 798 艺术区）、《艺术慈善中国——中国当代艺术国际巡回展》（北京中央美术学院美术馆、东京及香港伊斯特拍卖公司）、2009 年《首届重庆青年美术双年展》（重庆国际会展中心）、2010 年《中国性——2010 当代艺术研究文献展》（苏州本色美术馆）、2011 年《第 54 届威尼斯艺术双年展平行展：破碎的文化 ＝ 今天的人？》（威尼斯艺术学校）、首届宋庄中国当代艺术国际论坛（北京宋庄文化创意平台）、2012 年《第 13 届威尼斯建筑双年展平行展：世纪遗痕与未来建筑》（威尼斯本博宫殿）、《去魅中国想象——中国当代艺术作品展》（广州广东美术馆）、《西南当代艺术状态学术周》（重庆四川美术学院）、2013 年《第 55 届威尼斯艺术双年展平行展：未曾呈现的声音——中国独立艺术展》（威尼斯军械库）、《与意大利著名艺术家法布里奇奥·布莱塞对话》系列讲座（西安美院、四川美院）、2014 年《拆掉那堵墙——沈阳天地当代艺术现场展》（沈阳天地商场、鲁迅美术学院）、《"新星正在升起"——首届深圳文博宫全国美术院校毕业生双年度推介展》（深圳文博宫）、2015 年《因为你们，鲜花轻松开放——首届山花·虎溪诗会》（四川美术学院）、《高度——贵州七老艺术作品展》（重庆美术馆、贵阳美术馆）、《台湾现当代艺术状态学术周》（四川美术学院）、中国当代艺术国际课程（意大利卡坦扎罗美术学院、西安美术学院）等上百次艺术展览及学术活动。

（一）缘何姓王

我本姓郑，字辈"德"。母亲图新，不依传统，大哥即名为"中天"，取自胡适"园月正中天"的诗句。命名者为母舅，中共地下党员，青年诗人。待我出生，外婆取名"中安"。她没念过书，但知道《二十四孝图》中"安安送米"的故事，更何况我生在西安（图3-2）。

在我出生当天的日历（图3-3），有钢笔手书"郑中安下午一时生"，这是父亲留给我的唯一纪念。父亲曾任国民党中央航校通讯教官，新中国成立后以"历史反革命"罪被捕，病死狱中，时年55岁。

母亲因自己出生贫农，又参加过中共地下党组织，将我改从母姓，以为会有什么作用。其实不然，1965年我初中毕业时正值贯彻阶级路线。尽管学习成绩优秀，还是因家庭出身"伪职员"不得不上山下乡。

这一去便是八个年头。

图3-2　父亲郑秀民和爷爷郑守成（字业堂）、奶奶郑陈氏及东北母亲谭敬茹合影（摄于20世纪40年代，北平）

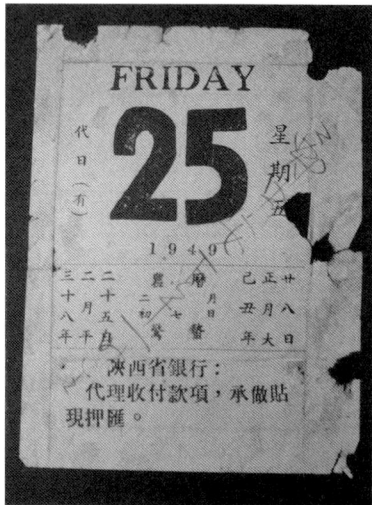

图3-3　出生当日日历，其上的题字是父亲郑秀民（族名郑维贵）留给我的唯一手迹

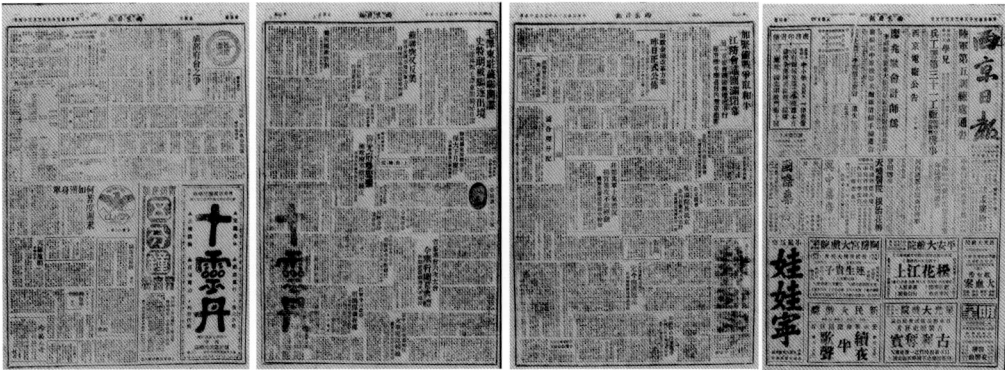

图 3-4　王林出生当日（1949 年 2 月 25 日），出生地西安发行的《西京日报》，共四版（资料委托王檬檬查询提供）

1. 出生日（1949 年 2 月 25 日）西安《西京日报》目录（图 3-4）

一版（时事新闻）

· 苏联突又反美—号召全国加强陆军力量—同时宣布继续驻军德国

· 以埃停战协定昨日正式签字

· 美国援欧计划—美国务卿向美国报告

· 法越协定即将签字—保大下月复位—法国将改为法兰西联邦

· 仰光形势紧张—缅政府军撤至腊戍—华侨自卫队昨晚间布岗以防意外

· 杜鲁门将做两周休假

· 韩申请加入远东经委会

· 日为丹挪两国造船五万吨

· 省市立监委明日飞京

· 卫生药械三吨分配竣事

· 川陕公路业务繁荣

· 南国将放弃对奥土地要求

· 省参议会六次大会今举行开幕典礼—会期定为两周决不延长

· 冬救结束会议决定—剩余款布分配办法—各难民收容所一律月底结束

- 绥署令市政府—价购煤商存煤—同官煤矿续办公教配煤

- 长安杂掇

- 富平三原安谧如恒—火车电讯畅通—国军兵力雄厚防务牢固

- 短评：祝省参会闭幕

- 上海物价

- 徐堪谈财金方案

二版（时事新闻）

- 加紧备战争取和平 江防会议圆满闭幕—另一重要会议即将继续举行—程潜张群应召日内飞京出席

- 财政金融改革方案—昨日正式公布

- 邵彦曾赴石家庄—与毛泽东等会晤

- 井郊共军士气消沉—扬言进攻不敢轻动—国军进援仪征局势转稳

- 青岛—安谧如恒

- 吴副院长抵京—洪内长叶外次偕行—发表谈话强调政府一致

- 李代总统昨日离桂—定今由汉返京—在湘发表谈话极表乐观

- 共军望江兴叹—南渡缺乏力量

- 邱清泉确已自戕—李弥收编旧部

- 桂鄂立委赞同在京复会

- 司徒雷登辟谣

- 社论：论合理分配

- 加强铁路行军秩序—京沪杭区今举行大检查—湘黔铁路经费已获合理解决

- 乌拉山地区降黄雪（不清）

三版（广告招贴）

- 陆军第五训练处通告

- 兵工署第三十一工厂标售厂存余料启示

- 西京电厂公告

- 廖兆骏会计师为李祥麟受盘东大街明星鞋店生财家具公告

- 前福记中原机器米面厂清洁手续通告

- 私立西北农工学院招生广告

- 商务印书馆（中小学课本广告）

- 遗失（招领）

- 德国医学博士儿科上门孟广均（广告）

- 中央信托局西安分局（公告）

- 律师石咸琏刘子高受任冯怀玉君常年法律顾问通告

- 河南陕县商行启事

- 声明作废（不清）

- 声明启事（不清）

- 天啸医院根治花柳（广告）

- 兴中药房（广告）

- 国际药店（广告）

- 小儿良药—娃娃宁（广告）

- 民光大戏院国产侦探警世巨片—红女伶大血案

- 明星（剧场）国产讽刺社会哀感名片—联华交响曲

- 平安大戏院国产时装哀艳悲壮战争爱国歌舞大片—松花江上

- 星光大戏院日本影业株式会社出品古装历史巨片—古刹夺宝

- 阿房宫大戏院滑稽奇情大笑片—连生贵子

- 新民大戏院爱国革命激昂巨片—续夜半歌声

四版（各地通讯）

- 征稿简则

- 成都府会之争—双方僵持不下参会休会以待

- 每日商情：市场异常沉静，燃料大涨小回

· 外阜商情

· 岐郿一带的风俗习惯—婚娶与葬仪

· 南山（专刊）单身汉如何苦度周末—骑马之经验—各有所爱—天罗地网—蜘蛛的启示—冷眼人语—稿约

· 胃病良药—五分钟胃痛粉

· 止痛遏热　百病可治—十灵丹

2. 自述：批评了一位小姑娘

小时候我住的那条街在重庆南纪门，原名叫kǎng井街，就是上面一个"穴"字，下面一个"坎"字。在重庆方言中就是"盖"的意思，大约早先有口井，盖住了，不用了，成了街道。因为邮局的电码本没这个字，发电报只能用"坎"字来代替，久而久之，kǎng井街改成了坎井巷，莫名其妙，和庄子文章中的"坎井之蛙"有了点什么联系。

这是一条典型的重庆街巷。房屋依山而建，街道拾级而上，有些石梯就是在山石上凿出来的。学校设在山腰，放学时孩子们你追我赶，一不小心，收不住腿，常常一个跟头摔在青石板上，痛得半天爬不起来。

念书之前，我很胆小。记得有一次随外婆傍晚回家，看见邻居小孩子捉迷藏，便要求同去。谁知外婆说："小孩晚上不准离家，你去今晚就打死你！"然后

图3-5　父亲郑秀民、母亲王子才、大姐郑蜀宁、大哥郑中天、二哥郑德平合影（摄于20世纪40年代，西安）

还说了"晚上出去肯定要学坏"之类的话。我只听进了"今晚就打死你"这一句，心惊胆战，夜不能寐，想到各种恐怖而悲惨的死法，越想越怕，于是悄悄起床逃生。弄得家里人从半夜找到天亮，最后才在草堆里抱回早已熟睡的孩子——那时是初夏，街上的人会把铺床的稻草收拾起来，放在墙角檐下。

从托儿所开始，我有了比较连贯的记忆。许多年以后整理旧物，我发现了五岁时阿姨写给我的评语，填在油印表格上，在一张银行废报表的背面：

能独立生活，会管理自己的一切生活，如自己会穿脱衣服、鞋袜，盥洗等。能爱护托儿所的玩具和公物，如教室里布置的东西，不乱撕。能玩一切大小玩具，能参加集体的游戏和作业。会正确地跑步、跳跃，能跟着琴声有节拍地伴奏小乐器，乐器有手鼓、碰铃、木鱼等。会有表情地唱歌，喜欢听故事，能体会故事的内容。喜欢作泥工、纸工、图画，如能用泥作火车、苹果、桃子等，用纸折船、气球、衣服、裤子等，用蜡笔画苹果、桃子、太阳、国旗等。爱帮助小弟弟、小妹妹做事情，喜欢看图画书，也喜欢看电影，并能把自己看过的电影简单地叙述出来。知道敬爱领袖，热爱人民解放军、人民志愿军战斗英雄、劳动模范等。知道组合如 4+6=10、5+5=10，并知道托儿所在和平路管家巷。

胆小、对一切事物不敢大胆地去做，自尊心比较强。希望家长加倍培养他的勇敢，并与托儿所多联系，采取一致的方式对他进行培养和教育。

那时的人单纯而质朴，工作很负责任。这种精神传递给我，有一个明显的例子。

在重庆人民银行的一次春节联欢会上，托儿所也上台演出。记得是跳舞，一队小朋友一边跳一边摆手。突然有个女孩将右手摆成了左手，这时我停下来，走上去很认真地对她说："你摆错了，应该是这样。""你才错了，应该是这样！""你错了！""你才错了！"台上争执不休，台下哄堂大笑。直到阿姨上来把我们全都领下台去。回家的路上，大姐对我说："这是表演，错了也要让它演下去的。"——这话让我记忆深刻。后来在美术界混，发现表演真是太多。只要是表演，就没有对错之分。这件事大概可以证明将来我是要做批评家的，不然怎么会去当众批评一个我很喜欢的可爱小姑娘呢？

（引自《与狼共舞　替天行道——关于"批评与我"》，原载《艺术方向》
2006 年第 1 期，下同）

（二）知青时代

1965—1972 年我在农村（图 3-6）。地点：四川省达县麻柳区檀木公社三
大队六队，一个既没有麻柳树也没有檀木树的小山村。

农村并非像知青小说描述的那样阴霾。尽管周围的农民经常吃不饱、穿不
暖，但政治运动淡化，人际关系淳朴，日子并不是很难过（图 3-7）。

没有未来、没有希望，也没得选择。只为喜欢读书而读书，读那些找得到
的书：《诗经楚辞》《史记汉书》《三侠五义》《民国辞海》《斯大林全集》
以及《静静的顿河》等。

记得 1968 年读过一篇手抄本《回到马克思》，如醍醐灌顶，恍然大悟。
很久以后才知道这是西马名篇，与中马大相径庭。

从这个时候开始写诗，存早年手抄诗集《疾风与劲草》一册。

图 3-6　上山下乡出发前一家人合影。走后全家剩下的只有女性。
旧时抓丁有三丁抽一、两丁抽一之说，而一丁抽一亘古未见
（摄于 1965 年，重庆）

图 3-7　在下乡落户老屋前（中间一间）和当年生产队同龄人叙旧
（摄于 2005 年，达州）

1. 农村诗作：金鱼赞

永远是甜蜜，

世界只有平静的水、可爱的假礁与透明的外壳。

没有风暴，

尽管冬天的寒潮在三江四海卷起滔天的波涛。

没有浪花，

尽管夏日浑浊的洪流在陡峭山岩留下了狰狞的齿痕。

对于生活，丝毫也不用担心，

凭着你鲜丽的色彩、柔和的身腰、

优美的姿态与珍贵的闲情逸致。

当然，

也用不着去回忆，

你曾经有过在江河湖海中乘风破浪、生死争斗的原始的祖先。

（1971年冬天）

2. 自述：注定你考不上高中

我是生在新中国，长在红旗下的一代人，小学的第一课是"毛主席万岁"。头回做作业，就挨了一长排的红杠，横看竖看，怎么也不明白错在哪里。过了许久，才知道毛主席的"席"字中间还有一横。此事让我在人前很没面子，因此记得，从此读书不再马虎。犯错误的要义是犯得早，犯迟了有些事要改也来不及。

小学伊始，平平。三年级换班主任，又来了新同学。来者姓周名能全，是重庆川剧团名丑角周玉祥的儿子。此人长得白净肌肤，斯文模样，还戴了一顶皮制小帽，像个日本士官生，和我们这群街上长大的孩子区别颇大。班主任很喜欢他，说他作文作得好，在班上大声朗诵。我心想也不过如此。于是等第二个作文题目下来——"我的理想"，便不顾一切，洋洋洒洒写了三四千字。大意是说我将来要做文学家，用自己的笔去描绘山河大地、花草树木、小桥流水以及共产主义理想等，用了所有想得到的形容词，也用了刚刚学会的长长的排比句。老师阅后大吃一惊，叫我去了办公室，问："是你写的吗？"还当场布置题目，叫我再写一篇。这也难怪，在此之前，我的作文不过两三百字，看不出有写作的才气。嫉妒有时是向上的车轮，要不是能全兄，我并不知道自己"能够在三四千字的作文中如此通顺而没有一句空话（老师批语）"。

老师叫何炳菊，是我遇到过的最好的老师，一位能干且有主见的女性。她的丈夫是诗人，在重庆小有名气。1958年因言犯上，成了"右派"，丢掉工作待在家里。何老师第一次领我到她家，就是去看诗人的书橱。只觉得是巨大的书墙，对我有如阿里巴巴"芝麻开门"一般的辉煌。何老师拿给我一本《自愿军英雄传》，从这本书开始，我的小学生涯便在中外小说和马路行走中度过。那时我母亲在中学教书，中午上她那里吃饭，距离一站路，边走边看。结果是小学毕业作文会考得了98分，当然，也戴上了275度的近视眼镜。离开何老师时，她送了我一支笔，一套《古代诗歌选》，还有一本纪念册，并用那支笔在扉页上题写了几句诗："天才之花在奋斗中开，劳动的汗珠把它来灌溉，丰富的生活是多彩的画笔，饱满的感情来自对祖国的热爱。"我的眼睛潮湿了，不因为别的，只因为被人信任——其实何老师知道这孩子前途并不光明，他的父亲曾是国民党航校教员，家庭成分伪军官。这是当时所能想象的最糟糕的家庭出身，相当于第二次世界大战时期欧洲的犹太人。

中学无话。贯彻阶级路线。我从班长降至学习委员，算是"不给出路的政策不是无产阶级政策"。因为勤奋，再加上斗气的原因，成绩好得出奇。三年六学期各科平均成绩为91.3分，而其中体育和政治对我而言都是先天不足，不管怎么努力，最多只能得80来分。我之所长在数理化，一点不费力，考试总在一、二名，着实为在同一学校当语文教师的母亲争了光。以此优异成绩，竟考不上高中。在接不到录取通知书的那一刹那，我终于明白了社会是怎么回事，明白了努力并不都能得到公正与回报。

为了母亲的安全，我去了农村。先是林场，后是生产队，名副其实上山下

图 3-8　1977 年恢复高考，猛攻高中数学两个月后考上大学。时任班主任，班上女同学哭诉不要我走，故有此照（本人前右四）（摄于 1977 年，重庆）

图 3-9　1977 年高考时，因为身份为教师，先被排斥，后补招为走读生。我们五个同学自己在教室外搭建一间寝室，成为当时中文七七级著名的不熄灯寝室（摄于 1978 年，重庆）

乡。知青生活没什么希望，更非"大有作为"。但也不像后来知青小说写得那么阴霾而悲惨。农村四季分明，朝晖夕阴，与政治运动终隔一层。至于对我，他们总是说，要不是国家政策，你怎么会到这里来。所以我在生产队受到的照顾，比这辈子任何时候都要多。队里有座砖窑，最辛苦的事就是晨起远行挑煤。队长的女儿总是先把饭煮好，放在窗台上，再敲门叫我。她先出发，我吃完饭再去煤厂，回家时，她已匆匆返回来接我，让我只挑一半的路程。当时只是心存感激，不知道她就是李春波歌中的"小芳"。直到她出嫁时，对着我号啕大哭，我才有点明白，但为时已晚。只记得她的伤心和我的惆怅，像田间暮霭一样迷离。

（引自《与狼共舞　替天行道——关于"批评与我"》）

（三）大学四年

1972 年。因一次救人未果的经历，生病回到城里。居然在几天之内得以顶替退休的母亲，从农民变成了师训班学员和中学教师。那时我喜欢语言学，尤其是汉语语法，特别擅长分析句子成分——"文化大革命"期间你只能干那些没事儿找事儿的事儿。

1977 年恢复高考，我正在做班主任。奋战一个月恶补高中数学，竟然考入重庆师范学院中文系。志愿是党支部书记填写的，她认为我是带薪学员，念完大学还得回去。临别时班上女同学集资与我合影（图 3-7），她们坚决不要男生参加，认为他们太调皮，影响了班级荣誉。

好不容易进入大学，七七级同学读书都很勤奋（图 3-8）。为了不耽误时间，四年午休我都是坐在床角靠着墙头睡觉，这样既能睡着又不至于睡得太久。其实只要你想读书，读书就是件苦中作乐、苦中有乐的事情。

借助读书笔记，我组织同学编了《中外格言》。因为找川美学生设计封面，第一次来到美院。没想到大学毕业后，一个偶然的原因，我成了四川美术学院教师。时任院长叶毓山先生常说"王林是我要到四川美院来的"——他说得没错，但如果不是因为系主任喜欢同班女同学要我让出留校名额的话，恐怕来四川美院的就不是我了。

1. 大学作文：墙的联想

我曾因为一位诗人关于墙的话，产生过许多关于墙的联想……

从来就不喜欢

在世界上，中国也许是筑墙最多的国家吧？周天子封国相传有一千八百之多，国下又有封地不等，彼此之间都是关有关口，城有城墙。《左传》上有"都城过百雉，国之害"之类的话，可见筑墙还得"按既定方针办"。大大小小的诸侯们都爱好居于自己的城里，用墙把各自的财产、重器围起来。所以那时中原大地的城，就像是帝王们分摊财产和权力的堆。

因为筑墙，历史上还曾经闹出许多的乱子来。听说，有个梁国就是因为拼命修筑城墙，引起"民溃"，结果被秦穆公一口吞了下去。还有陈国的庆虎、庆寅在督修城墙时凶狠异常，他家杀了服役的民工，结果"役人暴动"，叫他两兄弟少活了几十年贵族的好命。

如此看去，并非我们的祖先都喜欢把自己围起来。双手空空的老百姓恐怕从来就不喜欢那些贵族老爷的墙。

哭是哭不倒的

不喜欢归不喜欢。筑墙归筑墙。按帝王们的胃口最好是把天下都围进来。中国的墙到后来也确实越来越大，终于以万里长城而闻名于全世界。英国人把这雄伟的古迹称为："The Great Wall"——那单词的意思就是"伟大的墙"。这"伟大"当然是我们民族老早就统一的光荣。前几年有人把它全部归于秦始皇，这可能是祖龙遗虫敬颂宗室的事，不必理会。反正民间是从不赞成。我幼时听过传了两千年的《孟姜女》，就非常希望她真的能哭倒长城，因为那城墙下压着她丈夫范喜良，老天也不容，为什么不该哭倒它？！

但事实上，哭却是哭不倒的。后来的结果是长城更长，北面挡住了匈奴，南面也禁闭了中国。好长的禁闭呀，从秦始皇开始，中国慢慢地被关得一团漆黑。记得小说《红岩》写了小萝卜头的梦，那里面就有一圈黑压压的高墙和一把锁住城门的发锈的大锁。

锁得住个屁

锁再大，后来也终于不管用。长城既没有挡住成吉思汗的铁蹄，也没有挡住吴三桂领来的八旗兵，当然更不用说沙俄的毛瑟枪和日本的子母弹了。——如今，"闭关自守"这词儿在现代汉语词典中已被列入贬义，活该！

里面也没有锁住。中国人在那禁锢得像罐头的墙壁里摸索、呐喊和撞击。艰难哪，"四周黑洞洞的，能不碰壁吗"？鲁迅说他就是这样碰扁了鼻子的，不过碰他老先生的那地方也就挨了匕首和投枪。周恩来诗曰"面壁十年图破壁"，新的变革一起来，专制的墙壁哪里关得住？你看，"五四"运动一声大吼，震得紫禁城的红墙连根儿摇晃起来。有诗为证："满园春色关不住，一枝红杏出墙来。"

旁观者清

红杏树树开放，树丛花间，断墙残垣依然隐约可见，身在其中很容易熟视无睹，有心的旁观者偶尔倒看得清爽。一位名叫约翰·罗德里克的美联社记者这样写道："中国是个八亿五千万人口的国家，然而人们的感觉好像它还是一个被古老的墙围起来与世界其他地方隔绝的村庄。这些墙是精神之墙，有些地方已经倒了，但是还有许多地方没有倒。"

封建主义的精神之墙还有许多地方没有倒，这并不可怕，只要它在不断崩塌和被清除。可怕的是有人要将它修复起来。那位记者所看到的那些旧墙，恐怕有不少地方就是前些年补起来的。《天安门诗抄》有"萧墙复闻庆父声"的句子，便可作佐证。——阿弥陀佛，人们终于知道，断墙残垣原来并不只是古风！

很多人都有教益，我就读过一位大作家的逸事，巴金的，就是那个以揭露封建罪恶而闻名天下的大手笔。"文化大革命"中他有幸体验了自己写过的那种生活——封建专制下失去自由的生活。囹圄之中，老作家埋头做的事竟是翻译赫尔岑上百万字的《往事与沉思》，据说他终日沉浸于其中，简直"忘记了四周的墙"！真是善于选材的高手，在回忆和思考的日子里来做《回忆与思考》的文章。许许多多的中国人正是这样明白：有好多属于自己的权利已经被抢进女皇那快要落成的宫墙里。其原因是，中国还有可以连成宫墙的残垣；人民的权利还有不少敞放着——防盗的墙还没有建起来。于是，震撼世界的"四五"运动便做了两件事，一件是毁墙，一件是筑墙。

1. The Bright Wall

又毁又筑，岂不矛盾？这也无法，世上的事情都有两面——比如墙——也就只得如此。有破有立，天经地义。人民的财产和权利，当然不能只放进嬴姓或者诸侯的城墙里。既然封建专制的墙只保护大小统治者的利益，那人民自然要彻底摧毁它而修一道人民民主的墙，为的是不让强盗行劫和骗子行骗，为的是将这些人推出门外而从城堞上射出致命之矢。

抗日战争时，谁人不晓《义勇军进行曲》那动人的歌"把我们的血肉铸成我们新的长城"。这就曾是一道人民自己的墙真正伟大的墙，因为它保护了人民的权利。巴黎有堵"公社社员墙"，墙上雕塑着一个女战士张臂掩护街垒斗士的英雄形象。这也是一道人民自己的墙——真正伟大的墙，因为它捍卫的是劳动者的权利。"四五"运动要建造的也正是人民自己的墙，保卫人民当家做主的权利。

这就是人民民主（精神、舆论和制度）——中华民族正在修筑的万里长城。

人民建造它不是为了囚禁自己，而是为了永留春光。它不会挡住阳光，因为太阳就居住在它保护的国土上。

这是真正的铜墙铁壁，敌人不仅哭不倒它，而且撞不倒它。永远也是如此。有心的朋友们将会发现，这墙护卫的将不是一个封闭的与世隔绝的村庄。

所以，我在想，如果要英译现代中国的长城，那唯一恰当的单词应该是"The Bright Wall"，即光明的墙。

有谁不爱这光明的人民民主之墙呢？难怪诗人白桦要这样说：

"同志们，我们愿意去歌颂民主墙上的一块砖头，可千万不要再去歌颂什么救世主。"

啊，这哪里只是诗人的心愿？

（1997 年　大学第二学期）

2. 自述：不知怎么到了美院

在农村还认识一位知青，当地小学校长之子，偏好藏书。"文化大革命"时斯文扫地，他窃了几百册书锁在柜子里。我用蔬菜和他交换，从《史记》《汉书》到《斯大林全集》，乱七八糟读了不少。有书为伴，春去冬来，一晃就是八个年头。

1972 年的一天中午。我正扛着锄头准备上工。远处突然传来一阵呼救声，原来是附近生产队一个小孩掉进了水塘。我飞奔而至，"咚"的一声跳下去，潜在水里，摸了半天，喝了不少泥水，才把那孩子拽上岸来。赤脚医生手忙脚乱，做了好一阵人工呼吸，没救活。到晚上我开始发烧，喉咙里像塞进一把火。医生说我得了"封喉症"，村里人说我中了邪。还好有个知青身份，县里派了辆救护车把我送进医院。一个星期说不出话，咽喉脓肿，整个儿脱了一层皮肉。

声音从此变调，沙哑得特色鲜明，一打电话别人就知道你是谁，再也没了隐瞒名姓的机会。

出院后回重庆休养，偶遇中学老师，才知道本人也可以按政策顶替退休在家的母亲。就这样，不到半个月，我的身份又从乡下人变为城里人，成了重庆市市中区教师训练班的一名学员，并在一年后以初中学历当上了中学教师。俗话说"救人一命胜造七级浮屠"，尽管没救活，大概在菩萨那里也算是造过了。中学几年，除了喜欢汉语，就是喜欢学生。1977年高考时我正带着学生"学军"。对付考试，我还行。当时不公布成绩，等了好久也没拿到通知书。后来才知道是四川省教委做了"手脚"，把教师身份的考生全都压下来。直到邓小平回川探亲才改正补招。开学一个多月后，我进了重庆师范学院中文系。

欢送会上，党支部书记致辞，说"王林都考上大学了，政策确实变了"。她说的一点不假，以前全是推荐，汉代所谓"察举"，怎么也不会有我的份儿。

大学生活辛苦而兴奋，中文系的学生主要是背。每到期末，背了这科赶紧考，考了以后赶紧忘，腾出脑子来背下一科。背了四年也算有点收获，毕业时老师同学都推荐我留校做古汉语教师。但我终于没做成：一个原因是系主任喜欢班上一位女同学，要我帮忙，去四川美院以便腾出个留校的名额来；另一个原因，乃是留在母校人人都是前辈，不如去美院还有点挑战性。我读过川美七七级那批人的油画，很有共鸣，罗中立的《父亲》所绘正是我下乡去的大巴山区的老农民（图3-10）。

图3-10 返乡杀猪招待全村。时与川美院长罗中立同行，留影于我当年耕种过的自留地上（摄于2005年，达州）

命运总是阴差阳错，你想走这条路，却进了那道门。如果我父亲去了台湾，也许我会是哈佛工商管理的优等生；如果我不去救那小孩，也许我会是大巴山乡镇上的一名裁缝；如果我的系主任没喜欢上那位颇有心计的女同学，也许我正在写训诂学的文字……真的，人一旦有了经历，便容易相信宿命。宿命让人轻松，把麻烦交给上帝。仿佛一切早有安排，注定你要在 1982 年春天来到这里：重庆市九龙坡区黄桷坪 108 号，四川美术学院，空气恶劣，环境肮脏，混乱复杂但充满生机。

（引自《与狼共舞　替天行道——关于"批评与我"》）

（四）美院纪事

在美院待了 33 年，至今还待在美院里。

33 年对一个人来说不算短，回头一想，读书、教书、写书、编书，交道打得最多的也就是书。从批评到出文集，从策展到编画册，从收集资料到写专著，唯有书与我默默同行，无论苦乐与否，不管成败如何。陶渊明曰："此中有真意，欲辩已忘言。"

在功利遮蔽历史，金钱蔑视文化，机会主义羞辱理想主义的今天，中国美术界喜欢的是能卖的画和有权的官，很少有人说——哪怕是小声说——"我喜欢读书。"

毕竟这个社会有太多官僚治下的假象和名利场中的骗局，不乏权势者和奉承者，唯独缺少的是另类、异端和真正的挑战者。有鲍照诗曰："自古忠良尽贫贱，何况我辈孤且直。"

"微斯人，吾谁与归？"——范仲淹曾这样对自己说。现在轮到我了。

1. 画说：写给张晓刚

很多事与你无关，但你坚持记录在案。

从生生不息的爱开始，你憎恨刀，迷惑于命运的扑克牌。爱惜人，情同手足。

为之痛心的是，人人都有一双凄惶的眼。

黑色、暗红色或铁铸一般的灰色，把你带入地火般的煎熬。悲壮、惨烈、高尚到使所有人肃然。在生与死的边缘，在经验与超验的临界线，你终于变得像一条河，用缓缓的沉默的力量，护卫着一大群生灵。它们脆弱得离不开空气，但向往自由，在水底犹如在蓝天。

只有在这个时候，你才是非功利的，双目有神，前额放光，再也记不起老婆的模样——画坛的确是一座祭坛。

除了书页，简单到面对圣像，或复杂到念《古兰经》，你总在构造一个角形空间。这些角落让我想起那些向隅而泣的人。按"成则为王，败则为寇"的历史观，他们永远是被嘲笑的失败者，决无轮回的希望。只有惠特曼，不顾一切地说："当失败不可避免时，失败也是伟大的。"

为祭奠那些伟大的失败者，你拒绝向胜利欢呼。历史，曾使我们膜拜太多的英雄。

感觉沉重时，我们起码有权利肢解自己，通过解剖，洞察一个时代的秘密。只有当这些被肢解的部分还活着，还在思想的时候，人类意识才会感到压迫的痛苦——这时候，遗忘如一个必须充填的括号，等待着新思维的诞生。

诞生永远痛苦。但亚当有能力取下肋骨来生成伟大的爱。耶稣能够在十字架上看见信仰升起。追赶太阳的夸父一头栽倒，只一根手杖便长出成片桃林。你的画无端要人们承受不断诞生的痛苦，所以你成为快乐原则的天敌。为此，地狱里的烈焰在等待着你——你真愿意跨进来吗？（图 3-11）

（20 世纪 90 年代初）

2. 自述：做点别人不做的事

刚到四川美院，自学了几年。1985 年去中央美术学院美术史系念书，正值新潮美术运动如火如荼。因为对中国社会各种运动无甚好感的缘故，我只愿隔岸观火。当时的兴趣是骑上辆破自行车，去中国美术馆，去北京图书馆，去

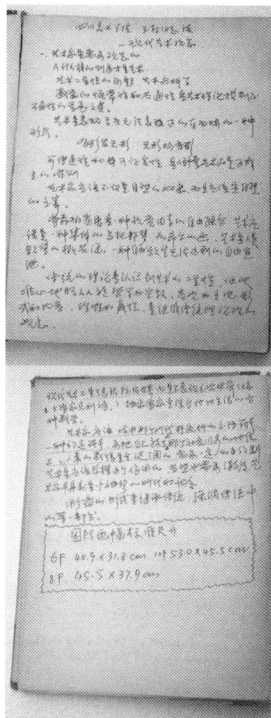

图 3-11　1985 年在中央美院进修期间，正值 85 新潮美术运动。应同学之邀、经中央美院学术委员会主任钟涵同意，在校园内举办学术讲座，题为《现代艺术观念》。同时进修的室友应天齐保留着当时的讲座笔录

断壁残垣但可以自由出入的圆明园。岁末美国艺术家劳生柏来办展览，使国人大惊。包装盒、轮胎皮之类的东西全都成了艺术品，让中央美院师生目瞪口呆，上不下去传统的素描课。波普艺术本来是美国20世纪六七十年代的东西，劳生柏作为抽象表现主义向波普过渡的代表人物，在当时还不算是最前卫的。可见20世纪80年代中国艺术资讯还处在历史落差中，和世界艺术相比滞后了一大截。新潮美术实际上是争取艺术自由的文化运动，借助西方现代艺术成果发起对新老专制主义及其艺术制约的攻击。新潮美术激进地反传统，和"五四"以来的革命运动同出一辙，就是相信文化革命可以使中国走向现代化，当然其间还夹杂着取而代之的农民革命思想。但不管怎么说，新潮美术在中国造成了多元化的艺术格局。北方的理性思潮、西南的生命之流、上海的本体追求和厦门的达达主义，都以其肤浅而坚决的尝试，为中国艺术带来了新鲜的活力，成为中国当代艺术创作成就的基础。

1989年是一个转折，现代艺术大展象征性地预见了时局的变化。宋海冬抹去东西德柏林墙的地球仪和肖鲁枪击电话亭影像的行为，成为具有巫术效果的代表作品。当时我在北京，受组委会邀请举办学术讲座（图3-12），但此时艺术家的心态已被不断发生的事件所牵引，学术问题只留存于批评家和杂志编辑心中。在研讨会上，我谈到对徐冰作品的看法，由此引发了我对文化决定论

图3-12 1989年王林、张晓刚、叶永青等在四川美术学院介绍"中国现代艺术展"（摄于1989年，重庆）

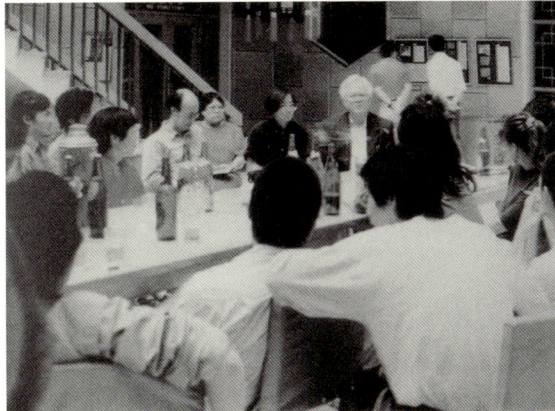

图3-13 1991年文献展第一回研讨会，正面为周彦、郎绍君、邓林、曹星林、高居瀚（摄于1991年，北京）

的反思。现在细想起来，和我生活于西南，长期关注西南艺术不无关系。西南艺术家重视生命的感觉与感受、欲念与欲望，其艺术作为生存需求和存在反应，具有浓重的人本主义倾向。他们总是从当下具体的个人周遭的问题出发，去揭示中国经验中的精神倾向。我的批评思路和西南艺术是互动的。那篇《又一头饮水的熊——关于徐冰"析世鉴"》的文章，则是《江苏画刊》编辑陈孝信一再催促的结果。在 1989 年 6 月后所谓沉寂的日子里，在媒体上坚持传播现代艺术信息的编辑中，陈孝信和杨荔是应该被记住的。

正是借助他们的胆力，我在杂志上提出并和西南艺术家一道讨论了"中国—89 后艺术"，并举办了"中国当代艺术研究文献资料展"（图 3-13）。事后来看这个展览，的确远不如后来各类名目的双年展。但在当时，这是一种精神、一种态度，表明批评的责任，表明对新艺术的支持，这种支持出于学术良心而不屈从任何压力。文献展一共做了六届，有人嗤之以鼻，有人打小报告。学术者，天下之公器；而天下人无奇不有，实在不必在意。其实我所做的工作，层次很低，关注那些刚刚萌芽、正在生长的东西，基础工作，发生学而已。我相信歌德的话，艺术不过是一种可能性。如果说，艺术家的成功和批评多少有关，那么，成功的艺术家则和批评没有什么关系。对此我深有体会。我既然反对艺术的集权主义，自然会反感批评的中心主义，反感把中国美术江湖化、"黑社会"化。由此得罪了不少喜欢拉帮结派的艺术家。思前想后，本人并无一点悔意。

1993 年我和西南艺术的几位领军人物一起策划了《"中国经验"画展》（图 3-14）。这个展览最后只确定了五个人参加：张晓刚、叶永青、周春芽、毛旭辉、王川。但筹展却历时两年，在北京、广州、昆明、重庆、成都与批评家、艺术家讨论艺术中的中国经验问题，讨论中国艺术在国际交流活动中的独立性和文化身份问题。展览于岁末在四川美术馆开幕，当时成都美术界尚在沉闷之中，一个画展竟弄得从媒体封杀到事后告状，唯一一篇报道的题目就是《"中国经验"画展起风波》。展览印了本黑皮书，成了后来年轻人模仿的样本。五位参展艺术家从乡土到新潮，又值于 20 世纪 90 年代艺术转型，正是这个展览确定了他们后来创作的方向。对成都而言，这个展览也是一个转折点，相继而起的前卫艺术活动使这个古老城市在世纪之交成为中国当代艺术最活跃的地方。

万事开头难，中国古人把开头说成"滥觞"，说成"毕路褴褛"，从语感上讲总是不高档不到位。其实这些词语用得蛮好，在中国做事，你很难有尽情发挥的机会，在大多数情况下，只能尽力而为。1996年，我游说上海美术馆创立双年展，后来又住在上海美术馆做展览策划，其经历即可为例。上海双年展的初衷一是使中国当代美术有多元化的展示舞台；二是使中国当代美术批评有自主性的文化身份；三是使中国美术创作有国际化的双向交流。但第一届展览只能把所有这些东西写在宗旨里，预言到2000年第三届时能够如愿以偿。为了这个理想，第一届展览我们邀请了上海籍的海外艺术家陈箴、张健君、谷文达到一个以油画为主的展览上来做装置作品。谷文达当时并没有意识到这个展览的重要性，只送了一块发砖。陈箴、张健君倒是挺认真，做了很有意思的作品，尤其是陈箴做事特别认真、特别投入。这是装置作品第一次在国家管辖的美术馆和国家机构的展览上展出。而在当时，就连钧德画的人体油画，叶永青的涂鸦作品，就足以让我们半夜起床，开会讨论第二天开幕时必须应对的种种人和事。为了使上海双年展不致夭折，在否定—妥协—争取—协商之间，我

图3-14 1992年为筹备《九十年代的中国美术："中国经验"画展》，主持人与参展艺术家在昆明海埂开会讨论，时张晓刚旅居德国（摄于1992年，昆明）

图3-15 1991年和北京圆明园艺术家在画室前合影（摄于1991年，北京）

们的用心比展览更多。今天上海双年展声名鹊起，我们不应忘记中国美术的文化情境在很多方面并没有发生变化，批评家仍然需要力争，需要开拓，需要批评立场，需要胆略和思想。对上海双年展，我是批评最多的人，最近还写了一篇文章，题目叫《上海双年展何去何从》。上海双年展正在成功但并非已经成功，我们还没有到欢呼胜利的时候。上海双年展还没有真正成为一个以学术主题引领中国美术发展的展览。

20世纪90年代前半段，我在北京、上海、南京、广州、成都、重庆等全国二十几座城市做过展览活动，提出过"八九后艺术""中国经验""政治波普""第五代艺术家""深度艺术""雕塑与当代艺术""都市人格""知识分子与批判性""问题意识"等诸多问题。有人说我是启蒙主义，并不错。我以为中国文化正处在前现代、现代、后现代交织的状态中，启蒙主义的追求并没有失去意义；有人说我是理想主义，也对。理想就是思想对现实的批判，人们所争取的社会，不可能是最好的，只有不是最不好的，批判的目的就是使之不至于变得不好或最不好。不管怎么说，在艺术失去既定归宿和固定方向之后，我们即使不需要艺术的目标，也需要寻找艺术的起点。艺术必须有一个假定，就是精神个性是需要不断生长、不断充实、不断深化和不断升华的，是需要全面发展的，而艺术就是对于这种需要的关怀。如果失去了这个出发点，我们还搞什么艺术，

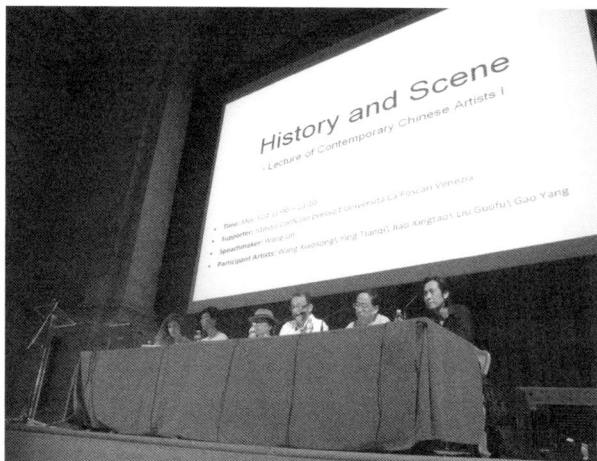

图3-16　2011年第54届威尼斯艺术双年展平行展《碎裂的文化＝今天的人？——中国当代艺术作品展》讲座"历史与现场"，由威尼斯孔子学院主办，在威尼斯玛格丽特教室讲演厅进行，王林主持，应天齐（右一）、王小松（右四），翻译傅森（右五）等参加
（摄于2011年，威尼斯）

还干什么批评？中国某些前卫艺术家以抛弃责任为荣，如果只是对否定个人性的社会要求表示反感，尚可理解，但如果是为一己之私利，化凶残为调侃，变无赖为天性，我以为可耻之极，绝不与之为伍。

有两件事，我知道自己不会有什么好结果的。

第一件事是在美院搞学术。

川美历来以创作为重，以体制外有一定地位为荣。这本身并非坏事。但长期养成的习惯以为创作就是学术，加上在中国画画，做雕塑也可以有硕士、博士，就越发自以为是。其实美院作为大学根本就不合格。大学者，研究高深学问的地方。而中国的美术学院大多不过是高等技工学校级别。所谓高深学问在这里不过是边缘，是点缀，是附庸，中国的美院院长绝不会由一个理论家、批评家来做，便是明证。近年中国大陆又兴起艺术家策展的热潮，艺术家取批评家而代之，成为中国式短期行为的典型例证。历时的参与、持续的观察、长期的积累、深入的研究和深刻的思考，这些对于美术批评来说至关重要的东西，为功利操作所淹没。在美院这个待过二十多年的地方，我的确有陌生之感，一种诗的感受："异乡／像一块金属／竖起来／高傲而又孤独。"——幸好有位艺术家说过"孤独是一种幸福"，所以我仍然幸福地生活在四川美院，该说什么就说点什么，直到没有机会言说为止。党委书记说我"古道热肠"——很有意思："古道西风瘦马，夕阳西下，断肠人在天涯。"我总是被责任感所诱惑、所欺骗。"衣带渐宽终不悔，为伊消得人憔悴"，多少有点矫情，还是陶渊明"结庐在人境""心远地自偏"罢。

第二件事是在研讨会上发言。

美术界有个不成文的规矩，你要开研讨会，就得负责机票、食宿并且要态度好，最好还发点出场费和安排旅游。一个研讨会下来，有人计算过，真正用于研讨的时间，平均每分钟要花成百上千元人民币，真是一寸光阴一寸金。所以，凡是开研讨会，我都抓紧时间发言，并且有一个原则：直说和明说。经常是对得起金钱对不起主持人。在上海双年展研讨会上我曾中场站起指责主持人媚日行为，其实并无恶意，只是情势所迫，没机会为主持人着想。意象水墨和意象油画的研讨会，我都曾提出过命题的虚假性，让以此立足的同行恨也不是爱也不是，恨的是吃家饭屙野屎，爱的是有质疑就有争议，场面上很热闹。在成都双年展研讨会上（主持人把研讨会改成座谈会本想敷衍了事），谁知姓王名林者又不知趣，偏要去深究展览的学术命题，让一帮对老板和主持人感恩戴德的艺术家愤慨不已。天杀的，居然敢说我参加的展览没学术性，不就是说我的作品没学术性吗？凡此种种，结果只有一个，许多研讨会将不再有我。也好，清静，写文章自言自语，不至于有什么障碍。

大概以后还能做的一件事，就是写文章。这原是批评家的本分，也是我最热爱最向往的生活——生活在观察和思考中，生活在批判和品评里。这里是可以自由言说的地方，批评家的胆量无非就是敢于说点别人不敢说的话，批评家的智慧无非就是能说点别人说不出的话。

天意难测，大道无言，只有替天行道的愿望不时在心中闪烁。对我这个业余批评家而言，这是人生的寄托也是人生的希望。吾道一以贯之，中国美术界尚能容忍否？

（以上"自述"引自《与狼共舞 替天行道——关于"批评与我"》）

图3-17 第55届威尼斯双年展平行展《未曾呈现的声音——中国独立艺术展（1979至今）》展馆外观

（五）书院文案

本人之最爱，还是在书屋里读书写字儿。一直想建个书院，让喜欢读书写字儿的人，有个舒适之地做点儿学问。中国教育自孔子开始，就立足民间。历代书院自生自发，为中华民族培育过无数精英人才，只可惜而今安在哉？！

余无力补天，仅以绵薄之力，集平生所储所藏，愿建一美术学书院（图3-18）。

书院章程陈列于后，惶惶待大方之诲也。

1.2012年《一个人的3040——王林图·书·展》序

我一直心仪发奋著书的古人司马迁，只是不太赞成他将书"藏之名山，传之后世"的做法。这是因为本人所著、所编之书，都是给今人看的。于是也挺尴尬的，有不少人说现在是图像时代、网络时代、数码时代而非读书的时代。

那书可以用来干吗呢？对我个人而言，常常是用来——送人。

今年正好是我做高校教师30年，做教师40年。一个教书匠，在中国教得再久，也没什么好炫耀的。唯一的想法就是做个书展，把手头多余的书送给学生及朋友们（图3-19）。

图3-18　《一个人的3040——王林图·书·展》海报

图3-19　王林书院构想图，由廖磊设计绘图

办法很简单：

展厅有赠书目录，凡你喜欢的书就去找工作人员登个记，留个姓名、电话。每人限选 4 种，每种书按数量登记送完为止。展览结束之日，就有劳您来取书。如需本人签字，我会在此恭候。到时候展厅就是茶座，大家见见面、喝喝茶、聊聊天可也。

书是我教学的依据，亦是我活着的理由。正如诺贝尔文学奖获得者勒克莱齐奥所说，印刷的书是人类从野蛮走向文明、从专制走向民主的基石。而这一切，乃是通过个人的、私下的、安静而有深度的阅读来实现的。最近听说未来科技只要做个手术，就可以把一个图书馆的芯片植入大脑，这真是让人期待又令人深感恐怖。我不知道能不能活到那个时候，也不知道那个时候的人们还有没有读书的快乐。

反正该来的会来，不该来的来了也会去，姑勿论。

2. 王林书院章程

中华文化自近代以来，因内忧外患及革命运动对文化根基的破坏而受创甚重。故重建民间文化的学术力量，使其在当代得以发育、生长，乃是一件"天下兴亡、匹夫有责"的大事。今取古代书院模式，结合现代教育，旨在以传统师承教育及个人治学方式，培育美术学专门人才和文化精英，使学术薪火相传，文化研究有所积累并渐能延续。

书院性质保障

为保障书院民间自治和学术独立，发起人王林所捐图书和艺术作品其产权只交给书院不交给其他机构。如其他机构提供场地，可达成将双方所出用于书院且不得收回的法律协议，以保证书院永久性学术性公益性质。

学术主持制度

为保证"传道、授业、解惑"的书院性质，实行学术主持制度。学术主持自主负责书院日常管理，一切运作经费自理，依靠本人出资、基金会资助及社会赞助。主持即为书院第一义工，不从书院谋取任何私人经济利益。由前一任主持确定后一任主持人选。主持须认可书院章程，须签署与本章程不违的相关法律文书。主持必须是美术学学者，终身从事相关研究，成就卓越并有能力维持书院运转，以使书院形成学统并得以传承。

人员义工制度

书院以助人读书为乐，除必要工作人员外，由书院学子、研究者及其他自愿者做义工，全免费为他人服务，培养读书人以天下为己任之人文精神。

研究准入制度

进入书院必须提交论文，主持认为达到水平的研究者方可进入。这样做，一是为了保证实现书院培养美术学专业学术精英的目标；二是可以控制书院作为小型专业图书馆的接待能力。

学者讲学制度

书院在主持确立的基本学术方向和拓展范围内，定期邀请访问学者驻院举办学术讲座、对话和研讨，并加以记录、整理、结集、传播。讲座学者由主持亲自邀请，以示尊重。凡来院学者均以铭牌上墙作为永久性纪念。

读书奖励制度

以主持个人著述和来院学者赠著，每周奖励一名来馆读书时间最多的学子，并将一年中获此奖励最多，即读书时间最长的读书人以铭牌上墙，和来院学者铭牌一起永久保存，以鼓励莘莘学子刻苦攻读。另对书院学人的研究成果进行收集、整理、凝练、出版以助学人及形成书院学统乃至流派。

学术者，天下之公器。书院有言："念稼穑之苦，读书以苦为乐；思父母之恩，做人知恩图报。"读书人唯信"天道酬勤"，使学统得以绵延，学术得以提升。拳拳之心，愿求同道共谋。

（说明：王林美术学书院尚在筹建中，已备有专业书籍2万多册及中国当代艺术作品300~400件）

名师案例：父亲水梓的故事

⊙水天中

图 4-1　批评家水天中

　　水天中（图 4-1），1935 年 1 月 3 日生于甘肃兰州，父亲水梓，母亲高孝芳（图 4-3）。五岁入兰州师范附小幼稚园。1951 年在高中二年级时，经甘肃省文教厅选拔，保送去西安西北艺术学院学习美术。1955 年夏季，从西北艺术学院毕业。分配到甘肃省文化局美术工作室，从事绘画创作和美术评论。1957 年在"反右"运动中以"资产阶级文艺思想"和"资产阶级编辑思想"受批判，被划为"中右"，受开除团籍处分，送往玉门花海农场劳动。1959 年 6 月，由花海农场返回兰州，甘肃省文化局局长指名派往基层继续劳动锻炼，是文化系统全部下放干部中唯一被派往基层锻炼的干部。此后在平凉艺术学校、平凉二中和平凉师范任教。1966 年 5 月，在"文化大革命"中受到重点批判和抄家，被工作组划为"三类半人物"。次年冬，工宣队安排画毛主席像，此任务一直延续到 1977 年。1978 年秋，报考文化部文学艺术研究院研究生，1979 年 1 月，被文学艺术研究院研究生部录取为中国美术史硕士研究生，导师朱丹，指导教师温廷宽、谭树桐。1981 年年底，研究生学业结束，分配到中国艺术研究院美术研究所从事中国现代美术史研究，兼任研究生部美术系主任。1987 年任美术研究所副所长。1988 年 11 月，任美术研究所所长。1993 年 1 月，艺术研究院副院长李希凡宣布免去水天中美术研究所所长职务。1995 年 1 月，由中国艺术研究院美术研究所退休。2010 年 10 月，确诊为前列腺癌晚期，入北京朝阳医院治疗。2010 年 12 月，获中国文联"第九届造型表演艺术成就奖"。2011 年获第五届 AAC 艺术中国·年度影响力"终身成就奖大奖"和吴作人美术基金会颁发的美术史研究奖。2012 年 10 月，经兰州到酒泉，循弱水到额济纳，在秋日胡杨林漫步；到酒泉夹边沟劳改农场原址，凭吊两千"右派"分子死难地。年末创作夹边沟系列风景画。

（一）父亲的幼年时代

父亲生于清光绪十年，夏历闰五月初七（1884 年 6 月 29 日），出生地就是兰州新关（现今兰州秦安路）昙云巷那个院子里。昙云巷是新关大街路北、昙云寺东侧的一条小巷，小巷临近尽头处西侧有一个四合院，当初是一个有着十几名工匠的毡帽作坊。清末民初，人们的服装习惯发生变化，戴旧式毡帽的人越来越少，祖父曾托人从天津、上海买来西洋呢帽，仿照制作销售，但销路仍然不佳。祖父逝世后，毡帽作坊还维持了一段时间，曾生产过马拉轿车的呢质车罩、车围等，到三叔去北京求学时才停业。昙云巷院落大门口，挂起一个小木牌，上书"水宅"二字。

祖父一直为他自己学文不成的事教育父亲，他教父亲认字、读书，从五六岁到九岁。九岁那年，父亲进入谢邦彦先生的学馆。这是设在省会文庙院内的一个学塾，几十个颇有来历的少年在这里读书，唯独父亲是"毡帽匠""逃难人"的儿子，为此他常受同学的欺负。两年后转入南关一所私塾，拜杨作庚（字辛伯）先生为师。谢邦彦和杨作庚都是伏羌（今甘谷）人，杨辛伯以管教学生严厉而闻名金城。祖父之送父亲入杨辛伯学塾，正是慕名而往。

进入杨师傅学馆的父亲从此与活跃自由的少年生活告别。师傅从早到晚盯着他的学生读书习字作文，每天清晨背诵前一天布置的书文，错一个字责打手心三板。如果背不下去，师傅便把书本摔掷到地上，学生立即下跪捧读，直到能一字不差地背出来为止。杨师傅教课时手执烟袋，常用他的铜质旱烟锅猛击表现不佳的学生头顶，打得学生头破血流。

有一个雨天，父亲入塾，见老师还在睡觉，同学们都没有来，便放下书包转身出门到附近戏院外面去听戏。等回到学馆，满面怒气的老师已经在门口守候。父亲自知闯下大祸，低头不语。杨师傅用一根铜戒尺劈头猛击，父亲顿时鲜血四溅，人事不省。杨师傅命令同学用门板将满脸满身鲜血倒在地上的父亲抬回家。祖母急忙求医诊治，而祖父则立即出门，为杨师傅购买礼物。等父亲苏醒，擦洗血迹，换上衣服，父子二人带上重礼去学馆给杨师傅叩头，拜谢师傅严格管教的恩德。

祖父完全明白他的孩子在学馆里是如何度过一天天光阴的，每天晚上父亲回到毡帽坊里，祖父照例要详细询问一天的功课和老师对他有何嘱咐，然后便是为他单独准备的一份晚饭，在与大家同样的饭菜之外，常常有一盘父亲爱吃的卤肉，这是整个帽坊大院里独一无二的待遇。祖父母饱含怜惜地，看着一句话也没有的孩子把饭和肉吃完。晚上，是父子在菜油灯下做功课的时候。每天黎明，祖父坐到熟睡着的父亲的炕头，等父亲醒来就让他背诵老师布置的诗文，然后再穿衣洗脸。每天早晨祖母为他梳理辫子，常看见父亲头上的凝血和伤疤，每到这时，父亲会感受到滴到他头上的祖母的温湿的眼泪。

父亲在学馆里受严师管教，在家里，祖父又为他定下各种戒律：不准串门访友，不准与街坊儿童嬉闹，不准打架骂人，不准买吃零食。最后这一条实际上是多余的，因为没有人给他零用钱。这种生活方式，使邻里不知道每天早晚走过的少年是谁家子弟。父亲在少年时期竟没有一个一同玩耍的朋友。

光绪二十七年（1901年）父亲十八岁参加科举考试，这时出现了籍贯归属问题。当时分配生员名额，是与各省州县的粮赋额度相关的。有应试者以祖父非兰州出生，客籍人不得占用本地生员名额，上告提学使。祖父和杨师傅商议，只有让父亲到榆中参加县试。虽然祖父和父亲都非榆中出生，但祖父的几个兄弟都定居榆中，又因为榆中县应试者少，少有倾轧竞争。这样父亲成为榆中人，按现代的说法就是"高考移民"。此后他一直自署"榆中水梓"，而在此之前，他还不曾到过榆中。榆中的四爷爷专程到兰州城里来迎接他的侄子。父亲的四伯父是个精干而且讲究仪表的农民，出发前换上了一件蓝色新布袍，细心地扎上新腰带，还让父亲帮他看腰带下的衣折是否熨帖整齐。

父亲随着他的四伯父从榆中县城沿崎岖小路，步行去小康营龛谷村。到四伯父家，天已漆黑。在摇晃的灯光下，一个身材高大，皮肤黝黑，头发花白的老妇在黑夜中出现，搂住父亲，抚摸他的脸颊，连声说："我的娃，我的乖娃……"

伯父和婶婶膝下无子，他俩为流离故里移居他乡的家族中竟然能有一个参加科举考试，有望获得功名的孩子而欢喜过望。

第二天一早，当阳光照进狭小的农舍时，父亲才看清婶婶的真实形象，她高大强健，长年风吹日晒使脸庞粗糙褐黑，但她总有笑意，和蔼可亲。完全不像黑夜里突然出现像传说中的夜叉那样使他惊惧。

为了让父亲有个清净的温课环境，四伯父扫清了屋顶，在屋顶上铺开干净的炕席，摆上炕桌和小板凳。让父亲在屋顶上读书。甘肃中部干旱少雨，用土坯砌筑的房屋都有一个平平的屋顶，农家常在上面晾晒收获的粮食。屋旁有一排高大的白杨树，当父亲在屋顶读书时，它们萧萧寥寥，以风声树影来陪伴。

县试在榆中县举行，府试、院试在省会兰州举行。父亲以县试第二，府试第一，院试第一的成绩获取邑庠生（附生，即秀才）。这在新关一带的居民中，成为料想不到的新闻，从来没有听说从河州来的"逃难人"的孩子竟然考上了秀才。报单到家之日，祖父的同乡旧谊自告奋勇，以"顶马"身份为父亲开道，他就是河州人马麟，此人日后成为青海大军阀，当时他是一名普通武官，其侄子即后来的青海省主席马步芳。

（二）从文高等学堂到京师法政学堂

父亲十九岁参加乡试，三场获荐而未中，只得寄望于三年之后。但三年后科举考试停止，父亲以秀才和乡试荐卷被选送甘肃文高等学堂就学。1901

图4-2　清末甘肃文高等学堂主持者，左起杨增新、刘古愚、刘晓岚

年（清光绪二十七年）8月，清廷诏令各省设立大学堂。按"钦定学堂规则"，各省高等学堂是废止科举后"举、贡、生、监"肄业之所，入学者须具有举人、贡生、秀才、监生资格。1902年，陕甘总督崧蕃派知府杨增新为提调，着手筹办甘肃大学堂。

前清学部制订的"教育宗旨"和光绪上谕规定，京师和各省学堂要以"忠君、尚公、尚武、尚贤"为宗旨。但也肯定日本学校、英人培根、泰西科学之类的新事物，规定学员必须"勤习洋文"。学校聘用洋教员，采用外国教科书，此所谓"科举所尚之旧学，皆学堂诸生之所优为；学堂所增之新学，则科举诸生之所未备"是也。

文高等学堂的提调（相当于校长）是杨增新，他是云南人，博学多才，调担任文高等学堂时四十多岁，后来调任新疆阿克苏道台，数年后成为新疆督军，被外界称为新疆的铁腕统治者。据父亲回忆，杨增新身材高大，思维敏捷，态度威严，但对学校师生颇为和善。瑞典考古学家斯文赫定在与杨增新的交往中称他有一种"尊贵倨傲的神情"，但从他的目光中"你能发现某种迷惘、忧郁和冥思"，他对清末民初南北各地的军阀，统统怀有毫不掩饰的轻蔑。

在杨增新之下先后主持学堂教学的是刘古愚和刘晓岚。刘光蕡（古愚）是陕西大儒，但心倾维新变法，时人有"南康（康有为）北刘"之誉。他到甘肃后主持制订了以国学与西学并重的基本教学方针，华文每日三小时。在温经治史之外，还提出"阅近日报章及各国事实、典章之书，其益百倍于旧史也"。他主持教席时间短促，但奠定了文高等学堂开放进取的学风。

刘晓岚名尔炘，号果斋，甘肃皋兰人，光绪进士，翰林院编修。当地士庶不呼名号，咸尊称"刘大人"。于光绪二十九年（1903年）接替病逝的刘古愚，任甘肃文高等学堂总教习。他为文高等学堂题写的门联传递了他对一代新人的期待：

四海风云　安得猛士

三年岁月　当有传人

刘晓岚的治学和为人，一直为父亲所尊崇，但其保守的政治态度在辛亥前后显得相当突出。尽管如此，在父亲和他那一代兰州文士心目中，刘晓岚仍享有他人难以企及的声望。民国二十二年（1933年）冬天，刘晓岚去世，当时任甘肃教育厅厅长的父亲，参与主持了一系列悼念活动，并主持了在五泉山举行的刘晓岚铜像落成典礼。

文高等学堂设有经学、国文、外文、中外历史、数学、地理、理化、教育心理、图画、博物、体操等课。日本籍教师有梅村次修、高桥吉造、岗岛秀三位。外文课有英、法、俄、日四种，父亲选习俄文，朝夕朗读背诵，几乎到废寝忘食的地步，因此，俄文成绩优秀。俄文教习阎荫桐，出自京师同文馆，后来成为父亲京师法政学堂的同学，1947年以后，经父亲推荐，到兰州大学任俄语系主任。

父亲的同学都是传统文化环境中成长的人，有不少人对新的学习环境难以适应，尤以外文、体操等课为甚。他们在操场上常以"老爷"姿态出现，引得父亲忍俊不禁。但父亲对这些课目都能按要求完成，这对他日后的工作和生活甚有助益。

从严酷的私塾进入新式教育环境，父亲感到耳目一新，他回忆当年每到课余，便歌唱不已，五年文高等学习生活，使父亲身心得到健康发展，造就了后来开朗乐观的性格。

文高等学堂给父亲的重要影响来自两方面，一是刘晓岚先生讲授的经学。刘晓岚曾主持兰州五泉书院，讲述朱熹、吕祖谦的《近思录》和黄宗羲、全祖望所著《宋元学案》等学术思想史著述最有特色。刘晓岚先生常引用"四书为六经之阶梯，近思录为四书之阶梯"等语，引导学生亲近理学。但父亲当时不喜理学，他是通过刘晓岚先生授课总揽传统思想家的道德人格和文章风采。父亲曾自述"予在少年时代并不喜讲理学之皮毛，故予之行动近于狂不近于狷也"。由此可知父亲青少年时期倾向于行动和进取，而警惕陷入个人内心的修身养性。

对父亲后来人生道路影响更大的是章太炎、康有为、梁启超等人的著作。他是在进入甘肃文高等学堂之后才接触到这些文章的，其中他最欣赏梁启超的文章。受他们的影响，父亲开始评议时政。毕业考试的文章，陕甘总督升允出题："国无游民，朝无幸位"，父亲在文章中谓"朝有幸位，而后国有游民……"总督升允看了认为是讥讽朝政，有革命思想，援引学部所颁《学务纲要》中"学生不准妄干国政，如有犯此者，各学堂应即照章惩儆，不可稍涉姑容，致滋流弊"的条款，拟严加惩办。经杨增新从中斡旋，得以从宽处理，以扣考一年处分。第二年（1908年）再考，各科成绩俱为最优，考试成绩名列第一，遂以"最优等第一名"毕业。按当时规章，学堂毕业生按各科成绩排列次序，最优等各门课程分数须在八十分以上。

父亲以优秀成绩毕业于高等学堂的消息，在县云巷家中引起一片欢喜，而对此最感欣慰的是我们的祖父。早岁的清贫生活和中年的过度劳累，使他未享高寿。但作为一个生长在战乱中的乡野男子，祖父确实是我们家族中活得最显光华，也最具力度的人物。他的孙辈都没有赶上见他一面，只能从父亲的零星回忆中略知其生平之一二。四十多年之后，兰州兴建铁路，父亲迁移焦家湾祖坟到兰州西郊黄峪沟。迁葬时祖父的棺木已经朽坏，但他的骨骼保存得十分完整。参与迁坟的大哥过后说："我们的爷爷简直是一个巨人！"他还提醒弟弟们，注意保持爷爷的遗传，找对象一定要找身材高大的姑娘。

祖父去世后，父亲在家守孝一年。当时曾试行高等学堂最优等毕业生入京复试，通过者即授举人资格，时称"洋举人"。父亲丁忧，按例不得参加考试。守孝一年间，在兰州斗母宫（明代肃王府凝熙园内道观，在今中央广场山子石）设馆授徒，学生多是亲友子弟。是年秋，光绪、慈禧相继死去，大清王朝进入末纪。

这年夏天，甘肃提学使陈曾佑主持官费学生选拔考试，父亲应试被选，派往北京，入京师法政学堂。同时入学者有赵学普（相臣）、杨希尧（子高）等人。

京师法政学堂创办于光绪三十三年（1907年），校址在北京西城李阁老胡同，由清学部奏请就原进士馆改建。学堂专业课多由日本教员讲授，学堂主事为范源濂。

范源濂（1874—1927），字静生，湖南湘阴人，早年入长沙岳麓书院，后入时务学堂，从学于梁启超，1901 年赴日本留学，曾在日本创办速成法政师范学堂。归国后创办尚志学会，后在清廷学部任专门司郎中，奉派筹办法政学堂。民国成立，蔡元培任教育总长时他为副总长，蔡离去后他继任教育总长及北京师范大学校长，并任负责保管、监督、分配美国庚款的"中华文化教育基金会"干事长。范源濂去世后，为纪念他对中国生物科学的贡献，将该基金会创办的生物调查所命名为"静生所"。由范源濂筹划的法政学堂，仿照日本同类学校建成，是中国第一所传授现代法律、政治、经济思想学说制度的高等学校。当时北京另有法律学堂，系法律馆所办；财政学堂，由度支部主办。此二校于民国元年（1911 年）并入法政学堂，成为北京法政专门学校，即后来北平大学法学院的前身。

时值清廷颁布"预备立宪，维新图治"诏谕，急需大量新式法政人才，于是在京师和各省开办了许多法政学堂。民国以后各类法科学堂陆续归并入相关大学。1950 年以后，由西方引进的法律、经济、政治理论被完全否定，这类学校和系、科也就裁撤殆尽了。

父亲到法政学堂后，先入预科学习日文，因主课教师多聘自日本，不懂日文就无法听讲。一年后，入政治经济本科，系统学习西方政治经济理论。这是父亲从传统文化环境向现代文化环境转进的开端。他接触卢梭、亚当·斯密、达尔文、孟德斯鸠等人的著作，并阅读了许多日本学者介绍西方政治、经济理论的书籍。

那时，北京城的青年知识分子中，酝酿着反清革命思潮，父亲也成为关注和倾向革命的学生，与在京同盟会成员时相过从，并进行同盟会安排的革命工作。他常常公开发表"过激"言论。还曾在北京邮局为洋员对中国人的不恭，予以"迎头痛击"。北京某报曾以"洋学生大闹邮政局"为题加以渲染报导。

（三）辛亥革命中的父亲

宣统三年（1911 年）暑假，父亲回兰省亲。夏末与同学杨子高、赵相臣等人返校。当时陕甘往北京一线，旅人都以马车代步，人称"京华轿车子"。车过陇东，车夫索要额外车钱未果，以为乘车人为文弱可欺的书生，沿途刁难，屡屡停车去道旁歇息游逛。岂知车上青年都是骑马驾车的能手，杨子高君挥手扬鞭，马车便扬尘而去，让车夫跌脚大叫。车过咸阳，父亲提议在渭水古渡头剪掉辫子，轻装入京。

是年秋，革命党人在武昌起义，南北响应，法政学堂停课。父亲与法政同学杨希尧（子高）、赵学普（相臣）相约取道太原返回故里。适逢山西义军起事，道路中断，遂取道陕北，骑骆驼经靖边、安边、宁夏返里。途经陕北花马池（即今盐池县），住在一个聂姓掌柜的旅店中。第二天城中大乱，纷纷传说有贼人围城，围城的正是叛军高士秀部，花马池县城顷刻被占据，并传来叛军"杀洋学生"的口号。这伙叛军亦兵亦匪，烧杀抢掠无所不为。父亲和他的同学看到有运送粮食煤炭的车马，从城门随意进出，似乎无人阻拦。于是他们在聂掌柜的帮助下改变装束，用锅煤炭黑涂黑面庞，装扮成赶车百姓，企图混出城门。到城门口被守城军士一眼认出，提起大刀架在他们脖子上，押送到高士秀的大堂之下。父亲看到高士秀身躯高大魁梧，目光炯炯有神，威严无比，声震屋瓦，高叫"把这几个'举子'拉出去毛掉去"（杀头）。他还扬言"天不怕、地不怕，把老天爷也要戳个窟窿"。父亲等连忙诉说他们是路过回乡的学生，并无敌意。聂掌柜也出面作保，高士秀这才开恩答应暂时不杀："把头留着！"不过要他们老老实实住在店中等候随时问话。父亲感到这非长久之计，决心出逃。他在黄昏时分绕城探视，发现花马池北城墙因腾格里沙漠常年侵袭，流沙已堆积达城墙一半高度，逃走较易，但有哨兵日夜严守，插翅难飞。而南城墙无沙丘侵蚀，墙高两丈有余，无人敢冒生命危险由此跳城出逃，所以守护要松弛许多。父亲决定铤而走险。他在城墙下与一人相约，趁夜幕降临攀城而上。登上高墙看到无际的荒漠，不禁胆寒。但他此时已别无选择，乃置生死于不顾，从城墙上纵身跳下。幸好掉在城下堆积的死尸之上，身体未受损伤。他不顾一切向前方沙漠狂奔，听到后方同时跳下的人因腿折断，一路爬行高呼，他也无法相助。

约莫跑出十几里，在远处依稀看到亮光，听到犬吠之声，他不顾一切向前跑去。这时一大群牧人猛犬扑来，父亲摔倒在地，大喊救命，几个蒙古族牧民闻声赶来，将父亲救起，搀扶到蒙古包中。缓了口气后父亲将冒险跳城逃跑的过程慢慢讲出，令牧民钦佩不已。几天后听说高士秀已率部离去，这才在牧民的帮助下又回到了花马池，与杨子高、赵相臣相见。他们在聂掌柜的帮助下，雇了马匹，继续朝宁夏方向进发。途中与马福祥（云亭）的部队相遇，受到马福祥的盛情接待，并派车马送到兰州。这一段九死一生的经历，是父亲早年最惊险且最具传奇色彩的故事，父亲时年二十七岁。

武昌首义成功，军政府成立，改国号为中华民国。各省相继响应共和，脱离清廷，宣布独立。唯有甘肃省仍在拥戴清廷的顽固势力控制之下。总督长庚派马安良率军攻打宣布共和的陕西省。马安良部进至乾县，与陕西民军对峙。升允、长庚再调马福祥部队赴援，并扬言攻下长安之日将尽杀主张共和的甘省人士。

在兰革命者共商对策，推举父亲密访马福祥，说服其按兵不动，则陕甘共和有望。父亲面见马福祥，马询问目前局势，父亲告以"清廷必倒，共和必成"。马遂决意止兵不进，并劝告长庚"为地方计，应随局势演变，相机而行"。升允、马安良势单力孤，见大势已去，只得撤回甘肃。长庚曾慨叹派甘军攻陕之举是"明知不可为而为之"。

民国元年（1912年），父亲与省会主张共和的王之佐、邓宗、慕少堂诸人在甘肃法政学堂集会，决议促请长庚通电宣布拥护共和。此时隆裕太后已公布了宣统辞位懿旨。在各方压力下，长庚终于同意通电承认共和。马福祥通知父亲和王之佐。他们两人便向北京发出甘肃省承认共和的电文。这份电文是由态度保守的代理布政使、原巡警道赵惟熙领衔署名，北京政府便委派赵惟熙为甘肃都督。父亲与王、邓、慕等人转而筹组临时省议会，以牵制赵惟熙。临时省议会的议长一职，诸人咸以刘晓岚先生为理想的人选。但刘晓岚因国体变更而闭门不出。这时，曾任职四川、云南、奉天的二品官李镜清鉴亭先生自四川返里。遂选举李镜清先生为临时省议会议长、刘晓岚、张林焱两位翰林为副议长。父亲和马福祥、王之佐、邓宗、慕少堂、王天柱等人为议员。时为民国元年（1912年）春。

临时省议会成立后，原来的军政要员不再能左右甘肃政局，他们便由互相倾轧转而结成攻击省议会，攻击议长李镜清的统一战线。父亲在省议会中是坚决支持李镜清的，这颇使某些人不悦。李镜清是一个性格坚毅，做事果敢的人物，但他发现从赵惟熙、马安良到刘晓岚、张林焱都站在对立一方，只得辞职返回临洮家中。

李镜清离兰后，马安良等人派出刺客，跟踪至临洮，于民国元年（1912年）夏历六月初五夜间刺杀李镜清于临洮城北私寓。李徒手与六名持械歹徒搏斗，杀死凶手一名，重伤另一人。终因寡不敌众而被害，被创四十余处。四十年后，父亲为李镜清祠撰写碑文，谓"陇上人士首先为革命流血者，唯公一人而已"！

在谋刺李镜清的同时，父亲和邓宗、王之佐等人也成为省会保守势力必欲除之而后快的目标。他们认为组织临时省议会和推选李镜清出马，都是水、邓、王等人所策划。

李镜清辞去议长离开兰垣时，临时议会停止活动。父亲与"康大大"（康作新之父，原新关毡帽作坊账房先生）等离兰往榆中兴隆山，借宿朝阳观。在山中得到李镜清被刺消息，立即骑马到榆中小康营，连夜东去，径往北京。

民国元年（1912年）夏间，北京局面渐趋安定，法政学堂重新开学。父亲在课余常与王鑫润（庚山）先生同往中国国民党本部参加活动。此时孙中山先生从南方来到北京，父亲任国民党本部政务委员会委员，兼本部交际组干事，曾多次面聆孙中山先生教导，这也是父亲终身不忘的经历。

父亲虽曾参加同盟会革命活动，但以学业关系，直到民国元年（1912年）才正式加入国民党。他是由王庚山先生介绍，在北京入国民党的。王庚山是兰州人，老同盟会员，甘肃省最早追随孙中山投身国民革命的人。他长期留驻北京成为甘肃省国民党人在北京的联络枢纽。王庚山先生坦荡平易，乐于扶掖后进。民初数度被选为国会议员，与拥袁势力斗争。晚年返回兰州，任民众教育馆馆长，远离政坛，不改早年之朴实和穆。

由兰州返回北京后一年间，父亲花了许多时间联系组织国民党甘肃省党部的筹建，甘肃省国会议员的选举以及采购印刷设备运回甘肃，以备甘肃国民党党报之创办。但他仍然以学业为重心，课余时常去"尚志学会"听专家学者介绍世界学术新成就的演讲。"尚志学会"也是范源濂所创办，是以介绍探讨国外学术为宗旨的学术团体。

民国三年（1914 年），父亲从法政专门学校毕业。在京三年，他接受了西方近代政治、法律、经济学说。这成为他思想中另一重要组成部分。

在校期间，父亲已经决心返乡从事教育事业。法政学堂的同学各有其志，他们并未全都投身法政工作，如施今墨在一度从政之后成为海内名医；阎荫桐一度出任中国驻苏联赤塔总领事，后转事俄语教学；杨永泰则成为国民党中枢的重要人物。（杨永泰，字畅卿，1880 年出生于广东茂名，其人文笔流畅，思维活跃，孙中山在广州成立护国军政府时，曾指定杨永泰出任护法军政府财政厅长。20 世纪 30 年代中期，杨永泰在蒋介石手下权重一时，曾任南昌行营秘书长，插手国民党中央政务，发展其"政学系"，排斥陈果夫、陈立夫兄弟势力。最终被暗杀。）

父亲也有一些从政机会，他曾被补选为参议院议员，不就；时为内阁总理的熊希龄拟援引他入阁为外交官员，亦未就。（此事起因于熊希龄出任总理之前，办理对俄交涉，经范源濂介绍，聘父亲为其译写中俄政府间往来的外交文书。）

返回兰州之后，一时难以找到合适的工作，经当时任甘肃法政专门学校校长的蔡大愚热心相助，让出他所担任的几节课，父亲便在甘肃法政专门学校开始任课，每月薪金八元。到新学期开始，正式应聘为甘肃法政专门学校和省立第一中学教师，在法政专门学校讲授中外法学。在教材匮乏状况下，曾自编《比较宪法》等多种教学讲义。刚出学校的父亲血气方刚，眼界甚高，对当时兰州政要不屑置理。

（四）父亲的婚姻和母亲的家世

在祖父祖母的关切安排下，父亲在兰州成婚。先是祖父母看中了家住县云巷附近的一个姑娘，她相貌出众且身材高挑，人们叫她"大汉"。但姑娘父母不愿女儿当"河州鬼"的媳妇："河州鬼，吃过啥香的？穿过啥光的？"说媒的只得扫兴而归。后来说好了一位姓王的姑娘，女家和姑娘本人都很情愿。于是祖父母主持了他们盼望的婚事。宣统元年（1909 年）2 月 6 日，大哥水天同出生。王夫人在大哥五岁时因病去世。

王氏夫人去世后，经王建侯先生介绍，父亲续弦，与兰州名士高登嶽先生的次女高孝芳成婚。高登嶽父辈在高家湾务农。高登嶽高大而瘦削，弟兄四人，他排行老四，是兰州求古书院的老师，两等学校校长，与王建侯是同科举人。其祖上来自江苏无锡，据传是明末"东林党"人高攀龙家族一系。东林祸起，高攀龙留下"遗表"："臣虽削夺，旧系大臣，大臣受辱则辱国。故北向叩头，从屈平之遗则。君恩未报，结愿来生。"赴水而死。高氏族裔中的一支远逃避祸，辗转西行，后定居于大山阻隔的兰州南乡，生息繁衍，其地被称为高家湾。

图 4-3 水梓夫人高孝芳
1960 年代

王建侯先生极力促成高登嶽次女与父亲的婚事。当有人顾虑水家家境清寒时，王曾对我们的外祖母说："听我的话，啥条件也不要提，把姑娘嫁给这个人。这一门婚事包在我身上。"他深信自己识鉴品藻的眼力，认为这门婚事将无愧于学友生前嘱托。

王建侯（1868—1916），名树中，号百川，又号梦梅生，皋兰长川人，光绪甲午进士，他往安徽任颍川知县时，高登嶽先生曾随行任职。高登嶽先生临终时家境清寒，同窗友人集资捐赠白银二百两，王建侯先生则受托关照其遗孀孤女。王建侯先生为人坦荡淡泊而不苟同于世俗，刘晓岚先生与其有深交，曾以"相见辄相净，相违辄相思"概括二十余年之友情。其友人许承尧赠诗云：

拂衣谢众辟，闭关意闲闲。灿然千黄金，不易一钓杆。

云雨太翻覆，心计亦难全。挥锄不他顾，愈忆管宁贤。

图 4-4 父亲水梓担任甘肃省立第一中学校长时期

母亲高孝芳幼时在兰州两等小学读书，外祖父去世后辍学，与外祖母住在兰州五福巷。议婚那年她才十五岁，父亲请王建侯先生送来一只玉璧算作聘礼。这只环形玉器后来一直挂在母亲床前。直到五十年后，在"文化大革命"中被兰州一中的红卫兵掠去。

（五）参加读音统一会、筹办省教育会和担任省立一中校长

父亲最早参加的全国性文化教育活动，是民国初年的"读音统一会"。民国元年（1912年）12月，新成立的民国政府教育部，将统一中国语言文字读音提上议事日程。为此目的，在蔡元培主导下，建立"读音统一会筹备处"，制订了读音统一会章程。章程规定读音统一会的职责是审定汉字的标准读音，也就是制定所谓的"国音"，然后制定特殊的符号或字母，来标记每一个音素。读音统一会成员，由各省推举外再由教育部特聘若干人。会员的资格有一定的条件，必须具备下列四条之一：（1）通音韵；（2）通"小学"（即文字学）；（3）掌握一种或两种以上外语；（4）熟悉多种方言。按这些条件，各省和教育部共推举了读音统一会成员80人。父亲被甘肃省推举为代表，也是从上述四条考察选定的。

民国二年（1913年）2月，读音统一大会在北京开幕，原定代表80人，实际参加会议的是四十多人。来自江苏的吴敬恒（吴稚晖）当选议长，著名语言文字学家、河北省的王照任副议长。吴稚晖和王照都是恃才傲物的人，他两人对读音统一本来就没有共同的主张，这使得会议一直在各种不同主张的交锋中进行。好在经过激烈争论，确定了一省一票的原则，即与会代表对某个字的读音不能有一致的看法时，以投票表决的方式决定最终读音标准。父亲是坚决主张各省都应有同等的发言权，拥护一省一票制度的。因为以当时的文化教育发展状况，教育部聘请代表中江浙两省代表多达二十余人，如果采取一人一票，必然会出现以江浙语音为读音基础的审定结果。

经过会议审定读音的汉字约有 7 000 字，标准"国音"由此初具雏形。会议为记录审定的"国音"，在选用哪一种注音符号问题上颇费踌躇。最后采取章太炎创建，借用古代汉字笔画的"注音字母"来记录"国音"。这一套ㄅㄆㄇㄈ在中华大地上一直用到 1958 年，才由《汉语拼音方案》的拉丁字母取代。但在台湾地区和许多海外华裔社群中，它依然是标记汉字读音的符号。

我们幼时上小学，第一堂"国语"课就是学习注音字母，我们对ㄅㄆㄇㄈ……觉得很奇怪。父亲告诉我们，他当年就是用这种符号标注国音的。他还告诉我们，在读音统一会上，多数代表赞成以北方话为读音基础，但有人曾提出以武昌话为读音标准。提出这一主张的人有两方面的理由，一是属于北方话的武昌语音（湖北官话）是南北方语音的过渡区域，推广较易；另一点是武昌为民国首义之地，以武昌话为标准读音基础，具有纪念意义。但最后大多数代表都赞成以北京话为标准读音的审定基础。

民国四年（1915 年），有关方面拟议召开各省教育会代表参加的全国教育会联合会，当时的教育部指定在甘肃省立一中任法制经济教员的父亲负责筹办甘肃省教育会。这一选择当然与范源濂的推举有关。民国五年九月父亲离兰赴京，十月十日至二十五日，他代表甘肃省教育会参加全国教育会联合会的第二届会议，这是甘肃省教育界首次有代表参加全国教育会。

全国教育会联合会是仿照欧美教育会体制组成，每年开会一次，交流各地教育经验，讨论当前教育问题，提出并审议有关教育建设的议案。民国时期，许多重要教育改革建议，就是由教育会联合会所提出。如"请设各省教育厅案""请改每年三学期为两学期案""优待小学教员案""注意贫民教育案""设立女子师范案"，等等。在各级学校推行注音字母，也是经教育会郑重讨论审议后作出的决议。

通过全国教育联合会这个渠道，父亲得以了解各地教育状况，学到许多先进教育经验，同时也向教育界人士介绍了甘肃省的教育、文化状况。在 20 世纪初期，沿海各省教育界人士对西北各省的人文状态所知甚少。

在参加全国教育会联合会以后，父亲与各地教育界人士广泛交往，结识了许多朋友，如黄炎培、程天放、经亨颐、陈筱庄、朱经农、陈衡恪等。其中有些成为交往多年的朋友。

在全国教育会联会上，父亲深感甘肃教育事业的落后。他想从考察先进省份教育入手，急起直追。考察教育的计划得到他的恩师、当时的教育总长范源濂的嘉许，由教育部出面向甘肃省长索取旅费，并向直、鲁、江、浙四省省长发出公函。袁观澜先生又向他详细介绍了这四省教育界的重要人物，一一修书，嘱其妥为接待。

1916年11月28日下午4时，父亲由北京出发，先后到天津、济南，12月17日到上海，再往南通、南京、杭州等地。在南通张季直先生宴请晤谈后，于1917年元旦返回上海。次日，上海商务印书馆为父亲到访邀集沪上教育界人士摄影、宴集，张菊生、李拔可、蒋竹庄、庄百俞、黄炎培等高朋云集，"良宵灯光，共话别期"。元月4日乘车北上，5日晚到北京。这次考察，东南各省教育事业的先进经验，给他很大启发。济南女子第一、第二师范，天津南开中学，江苏无锡吴县师范，江苏江宁区立第一国民小学以及南通博物馆等处，给他留下极好的印象。

父亲回到甘肃，立即争取省政府的支持，筹组甘肃省教育会。第三、四届全国教育会联合会，甘肃未派代表参加。民国八年（1919年）十月，父亲和裴士亭、王天柱三人代表甘肃省到太原参加了第五届全国教育会。

民国五年（1916年），袁世凯复辟活动失败，袁氏病死。六年（1917年）一月，父亲被任命为甘肃省立第一中学校长。由于他去东南各省考察教育未归，由慕少堂(寿祺)代理校长职务。3月间父亲返回兰州，正式担任一中校长职务。

省立第一中学在兰州小稍门外的小沟头，其前身是父亲的母校甘肃省文高等学堂。父亲刚接任时，省立一中处于清末学堂教育和民初新式学校教育之间的过渡状态。父亲任校长后，着手按东南沿海城市著名中学的体制和规模，对省立一中进行改造。他到任后做的第一件事是要求学生全部在校内住宿，以加强早晚自修和体育锻炼。同时开辟校园，申请分配"官水"，浇灌新栽的花木。学校环境、气氛顿时改观。除了师资配备、课程设置、校舍建设都有了新气象之外，他对省立一中的"校风"建设贡献最多。父亲亲身领受了新旧两种教育对于青年人的不同影响，极力引导一中师生远离传统教育的拘羁，促成活跃、开朗、自强不息的校风，他为省立一中拟定的"校训"是"弘毅"，并辅以下列"级训"：一、循规，二、励志，三、守朴，四、习苦，五、尚勇，六、敦品，七、自立，八、互助。其实，"士不可不弘毅，任重而道远"正是他所以自勉。省立一中的学生在三四十年代的兰州，确实具有其他各校所少有的生气勃勃的集体气质。由父亲书写的校训匾额一直悬挂到五十年代初期，"反右"运动后校训匾额被毁。

民国七年（1918 年）十月，省立一中成立五周年时，父亲主持举办了五周纪念运动会，这是甘肃省有史以来的首次体育运动会。当时有记载云："五周纪念运动会会长由本校校长水梓充任，总理全会事务"，"甘肃省学校举行运动会以此为第一次，开会之日除各机关外，省城各界男女临场参观者至多，颇极一时之盛。时届旧历暮秋，边省气候已近寒冷，是日晴旭舒空，金风送爽，天气和宜，殊与运动为适。上午七时提前为本校全体摄影毕，八时奏乐开会⋯⋯"运动会的最后一项是甘肃省城人士前所未见的足球比赛，比赛结束后"各长官及来宾均先后散归，复由两湖清真两校全体学生军乐绕场表示庆贺，而本校全体会员、运动员亦相率齐集会场。鼓其余兴，舞旗脱帽，三呼万岁。遂闭会⋯⋯观者咸谓陇上第一次创举，殊为难得"。

（六）考察欧美教育

父亲在担任省立一中校长三年后，于民国八年（1919 年）11 月参加北京政府教育部组织的欧美教育考察团，去西欧北美考察教育。考察团一行 12 人，同行者有甘肃省政府第三科（教育科）科长王天柱，以及教育部和各省教育家

图4-5 父亲水梓参加欧美教育考察团
在纽约

图4-6 甘肃省立一中在北京校友欢迎水梓校长考察欧美教育归来，
前排右起第六人水梓

袁希涛（教育部次长）、邹桴（江苏省视学）、任诚（江苏省第五师范学校校
长）、陈宝泉（北京高师）、章钦亮（江苏省立第四中学校长）、谈锡恩（武
昌高师）、陈家麟（北京高师）、刘文铬（江苏省议会议员）、杨若堃（成都
高师）、金曾诚（广州高师）等人，到达旧金山之后，先期赴美的张彭春加入
考察团，并担任向导。发起组团考察欧美教育的是代范源濂主持教育部工作的
教育部次长袁希涛，他和陈宝泉被推举为考察团主任。袁希涛字观澜，"五四"
运动时主持教育部部务，曾来往周旋于北京政府与北京大学师生之间，在蔡元
培挂冠离京后，他也辞去代总长职。盖袁希涛于民国元年由江苏至北京任职于
教育部，系应蔡元培之召也。

欧美教育考察团筹组于第一次世界大战结束前后，当时教育界人士都有学
习欧美教育的迫切愿望。而清末以来的所谓"西式"教育，绝大部分是模仿日
本教育而来。第一次世界大战的结束，使直接学习欧美教育的愿望有了实现的
可能。这个考察团是民国成立后，首次由教育行政部门正式组织中国教育界人
士出访欧美。对于父亲来说，欧美之行开阔了他的眼界，使他的教育思想和文
化观念进一步趋于现代化。

考察欧美教育归来后，父亲的教育思想更趋开放，并进一步形成他自己的

一套教育主张。如对社会教育和社会文化设施的重视，对妇女教育权利的维护，对体育运动和体育设施的积极开展和建设等，这都与他欧美之行有关。省教育会的楼房，就是按照父亲所提供的美国某大学图书馆的建筑图样所建造。

在家里，他作出的第一个决定是送大哥去北京清华学堂留美预备班读书。大哥从清华毕业后，便赴美留学。而父亲从欧美给家里带回来的不是任何新奇的日用物品，而是大量书籍、资料和图片画册。书籍资料都送给省立一中和兰州的图书馆，留给孩子们的是那些图片、画册和幻灯片。它们成为每个孩子成长过程中的基本启蒙读物。对我们每个人的世界观以及生活理想、审美趣味的形成，造成深远的影响。

（七）从学校到政坛

民国十一年（1922年）林锡光从北京往兰州接任甘肃省长，行前询问北京政治、教育界人士，请其介绍甘肃才俊。范源濂等人均力荐父亲，谓其人品学识均堪重任。林锡光到兰州后，遂邀请父亲帮助处理省政府日常工作，拟请父亲担任省政府秘书长。此顷由于北洋政府财政问题，拖欠各省教育经费，酿成各地教工罢教和学生学潮。甘肃省内各学校教师薪水、学生津贴也拖欠甚久，父亲四处奔走而无着，遂向省政府递上辞呈。由此离开学校担任省政府秘书长职务。

图4-7　1947年水梓家属在兰州煦园寥天一室合影

民国十二年（1923年），林锡光受军界排挤，甘肃省督军陆洪涛调父亲任代理狄道县县长。从省政府秘书长到县长，这当然是一种贬抑。而临洮当地青年文士对这一任命大感欣喜，力促父亲赴任，以改变临洮政治、文化、教育旧貌。狄道即今临洮、康乐等县所辖地，与省会兰州一岭之隔，是省内文化教育比较发达的地方。但民国成立虽已十载，地方吏制仍极落后，内地县政府弥漫着晚清遗留的陈旧习气。父亲以他研习西方法律政治的心得和考察欧美教育、文化的体会，力图改变当地政治文化面貌，但他在任仅一年，再加甘肃省的整体环境，不容许他有大的作为。但这一任县长使临洮县士绅看到了一种新的地方官形象。这种新形象在一些人心目中似乎偏离了"父母官"的传统，而对向往新文化的人们则是一种鼓励。早在父亲到临洮之前好多年就已经在那一带传教的艾牧师，是一个美国人。他对甘肃狄道、洮州一带的风土民情十分熟悉，对历任地方官的作为也十分熟悉。艾牧师对父亲这样一个新县长的处事风格非常欣赏，他逐渐成为父亲的朋友，并且把交情传递到他的儿子艾名世。当地老百姓把这个年轻人称为小艾牧师，20世纪40年代，艾名世成为美国外交官，曾于抗战胜利后偕夫人专程到兰州看望父母亲，用纯正的狄道话回忆二十年前狄道县城的生活，并请母亲为他做幼年时常吃的"散饭"和"搅团"。

父母亲去狄道时，随同前往的是大姐水天真和三叔的长女水天竞，天竞是年龄仅次于大哥水天同的女孩，在家里都叫她"大姐姐"。到狄道以后，母亲带领两个女孩识字读书。狄道县城里没有什么可以游玩的去处，闲暇时，常常参阅天虚我生编撰的《家庭常识》制作各种新鲜食品，还以绘画自娱。母亲没有学过画，但她有一种绘画的天赋，信手画来，便粗具形神。她给两个女孩画各种花鸟虫鱼，当地的一些妇女还请她描画刺绣图样，她也是不依摹本，一挥而就。

民国十二年（1923年），北洋政府准备制定宪法，通令各省军政、民政首长各举荐国宪起草委员一人，甘肃省长林锡光以父亲出身于京师法政学堂，又有辛亥革命活动之背景，遂电荐父亲为地方民政官员推举的国宪起草委员。

父亲离开狄道，从八月初到年底，在北京参加宪法起草工作。由于段祺瑞等人的本意不在宪法，委员们只能草草了事，提出《中华民国宪法案》上交政府并通电全国。在这次起草宪法过程中，父亲与冀贡泉、江庸、章士钊、余绍宋、马邻翼等人共事，更与冀贡泉、余绍宋、马邻翼等人成为交往多年的友人。冀贡泉之子冀朝铸是大哥天同留美时的同学，四十年代末，他曾来煦园看望父亲和大哥。

民国十四年（1925年），陆洪涛等北洋势力离开甘肃，冯玉祥所属"国民军"进驻兰州，父亲出任甘肃省自治筹备处处长，并担任市政筹备处总办。后来"国民军"与国民党系统争夺控制权，竟发展到两方各任命和支持一个省主席。在这种形势下，父亲寄以热望的平民政治理想，完全得不到实现的机会。

民国十五年（1926年）4月14日，父母亲的次子天明出生；民国十七年（1928年）12月25日，三子天浩出生。

民国十六年（1927年）12月19日，兰州中山大学（兰州大学的前身）筹备委员会成立，父亲与马鹤天、杨集瀛、杨慕时等人任筹备委员会委员，拟订《甘肃大学筹备委员会章程》。次年年初，省政府确定甘肃大学校名为"兰州中山大学"，兰州中山大学筹备委员会委员为杨集瀛、水梓、王德厚、杨慕时、董健宇。1928年3月，他以中山大学评议委员会委员身份，出席兰州中山大学建校典礼，校长马鹤天外出负伤后，父亲曾一度代理校务。

民国十八年（1929年）至民国二十一年（1932年），经甘肃省代理督办刘郁芬和省长薛笃弼推荐，父亲到南京国民政府文官处任职。父亲对当时甘肃政局的混乱和军阀派系的争斗厌恶已极，便欣然离开甘肃，到文官处任参事，同事有甘肃天水的王汝翼、绥远库仲英、吴兴沈伯棠等人。其间由安徽省政府主席马福祥向文官处借调，任安徽省政府代理秘书长一年。

马福祥与父亲在辛亥年间的交往，使他在遇到复杂政治问题时，总要找父亲出主意。他一个来自西北的军人而主持东南一省的省政，觉得无从入手，父亲只好离开南京去安徽。马福祥稍事安排后便离皖去南京，父亲代他处理省内政务。当时安徽省会在安庆，父亲在安庆的一年是非常忙碌的一年，而留给他自己的记忆是参与规划黄山建设和"安园谈鬼"。黄山是父亲最赞赏也最熟悉的名山，他还在黄山脚下风景佳胜处购置了一块土地，曾作结庐黄山终老于斯之想。

在南京的这一阶段，父亲兼任国民政府赈灾委员会委员，为争取政府对甘肃灾区的救助奔走呼号，尽心竭力。他与许世英、朱庆澜、王震的交谊即始于此时。民国十九年（1930年）年底，冯玉祥、阎锡山在与蒋介石的争权内战中失败，冯系"国民军"势力退出甘肃。1931年8月，南京国民政府任命马鸿宾为甘肃省主席。父亲被任命为甘肃教育厅厅长，因文官处工作未了结，又加甘肃地方军阀叛乱（即发生于1931年8月25日的"雷马事变"中马鸿宾被扣押）而未到任。

民国二十年（1931年），母亲陪伴祖母，携带天明、天浩乘马车去西安。途中在彬县、永寿附近遭陕西兵匪拦路抢劫，幸好没有受到伤害。到西安后与父亲会合，住南院门大车家巷。民国二十年（1931年）八月，邵力子出任甘肃省政府主席，父亲被任命为甘肃省政府委员兼教育厅厅长，于民国二十一年（1932年）五月始正式接任。此前由三叔水枬代理教育厅长职务半年。1932年年初，父亲在西安与从南京来的邵力子等人会合，乘汽车沿修通不久的西兰公路西行赴兰州。

（八）煦园的初建和父亲早期的交游

对花草树木和山林泉石的眷爱，大概是父亲与生俱来的禀性。他自己回忆为什么会在营造花园方面花那么大的精力，一直追溯到幼年在私塾读书的日子。位于兰州南关"茶务公馆"的学馆墙外有几株蜀葵花，父亲常常隔着短墙张望，到蜀葵盛开时，父亲趴上墙头伸手去采摘，被主人看见大喝一声，父亲惊慌中从墙头摔下。从此他幻想有朝一日自己也能种出一些会开花会结果的花木来。

另一方面，他从幼年时，每当由城里去五泉山游玩，一出南城，看到开花的果树和渠水灌溉的菜地，就有难以名状的畅快。他到省立一中担任校长以后，便在离学校不远的颜家沟买下半亩菜地，修建了房屋，作为外祖母养老的地方。闲暇时，他也可以和母亲孩子在此休憩，时为民国六年（1917 年）前后。这些房子位于以后煦园的西北一隅，以后渐次向东向南扩展。

到民国十八年（1912 年）父亲离兰州去南京工作时，煦园已经扩展到后来的规模。父亲因向往"愉愉煦煦"情境，以"煦园"为园名。这可以让他想起"亦既超旷，无适非心。汲流旧巘，葺宇家林。晨烟暮霭，春煦秋阴，陈书辍卷，置酒弦琴"的生活方式。他还镌刻石章一方，文曰"煦园主人"。

他到南京国民政府文官处任职时，有同事看见他的这方印章后大为惊奇："煦园主人！你要做国民政府的主人啊？"父亲不解其意，同事告诉他煦园就是国民政府的后花园。同事带他下楼往右，来到花园门口，门上赫然"煦园"二字，与兰州颜家沟新建的煦园一般无二。父亲亦大惊，但两个煦园毫无干涉，且相隔千里，遂不改最初的园名。

煦园初建时，颜家沟只有不多的民房建立在小水渠边上，四面都是大片的菜地。父亲保留了原先生长的果树，又四处物色花木，他经常随手提来一棵树苗，一丛不知名目的草花。就这样聚集成郁郁葱葱的园林。1933 至 1934 年，父母亲带着四个孩子，从新关昙云巷迁居颜家沟。四个孩子是大姐天真、二哥天明、三哥天浩和姐姐天长，大哥那时已经离开兰州在外面求学。民国二十一年（1932年）"双十节"，天长出生于昙云巷。自天长以下，几个子女都是在颜家沟的煦园出生的。天中生于 1935 年 1 月 3 日，天达生于 1937 年 4 月 1 日，天光生于 1939 年 5 月 2 日，天行生于 1941 年 8 月 16 日。

大姐天真是子女中最先到煦园来住的一个，早在父母都还在新关居住的时候，她就常从新关来到颜家沟，陪伴外祖母，并在扩建煦园的过程中办理许多杂事。天真姐是一个美丽而且开朗的姑娘，对人亲善和蔼，又能说会道，很快就赢得近邻的好感。她到哪儿，哪儿就增加许多欢快的气氛。那时她在兰州女子师范读书，极其偶然地感染了伤寒，被庸医误诊，竟不治而逝。她的同学和邻居都无法接受她突然死去这一事实，两三天之前，大家还看到她的笑脸，听到她明朗的声音！

园里的花木有几种不同的来历，最早的花木当然是那些在建园之前就已经有了的梨、杏、苹果和槐树、柳树；接着是父亲从兰州几处园林移栽的竹子、牡丹、芍药、玉簪和萱草之类的花木；后来父母亲从更远的地方引进兰州本地少见的草木，既有南方的荷花、梅花和玉兰，也有来自兰州、榆中南山深处的松杉、野生樱桃和一些不知名的果木，还有父亲、大哥从美国带来和天主堂德国修女赠送的异国花草。池塘里盛开的荷花，曾是夏日煦园胜景，但它们未能熬过兰州的严寒。同样的命运降临到来自江南的梅花和玉兰身上，父母亲的悉心照顾没有让它们活下来。而梨、苹果、云杉、竹子、牡丹和葡萄却越来越茂盛，成为煦园花木景观的主体。那些来自深山野岭和大洋彼岸的花木，也在煦园落地生根，它们奇特的枝叶花果，常常引来客人的惊奇和赞赏。而野生的樱桃却一年一度地使孩子们寄予厚望，然后空欢喜一场。因为它们在开出繁密的花、结上繁密的小果子之后，总是脱落得一干二净。

三十年代的煦园没有多少屋宇亭榭，开挖池塘的土石堆成高台，在台上建起了一座敞亮的厅子。刘晓岚先生对此大为赞赏，他还约定建成之日来此小酌。后来它被命名为"寥天一室"，而我们称为"上厅子"。1936 年，王竹民先生赋《煦园即景》诗，其中有《寥天一室》一首：寥寥寥天室，当窗拥翠屏，居然众香国，上有数峰青。那时园中的树木都还比较低小，附近又没有什么房屋，从园中任何角度都能清楚地看到霞卷云舒的巍巍南山。在月夜或者雨雪初霁时，皋兰山似乎就在松竹桃李之间。

四十年代初，有外地来客评说兰州园林，兼及煦园的主人：

"兰州公私园林，足以使人称道的，公家方面要算一度为造币厂而现在被甘肃省临时参议会使用的潜园。在那里牡丹芍药极盛，布置的也很整齐。私人方面，如秦家花园、邓家花园（邓德舆先生私园），皆曾一时之盛，可惜现在都欠整理。在目前花木之盛要推颜家沟煦园，煦园是兰州教育家水楚琴先生（梓）的家园，水先生是一位澹于名利的人物，他很能传他的老师刘尔炘先生的衣钵，自从北平大学毕业以后，就回到家乡办教育。中间虽也曾一度到首都和安徽担任了一个短时期的政治工作，这不过是要表示教书匠不仅是会教书。过了不久，仍然回到故乡，从事教育事业。煦园是水先生从平地造起，二十几年的心血，毕竟不白费。现在到兰州的中外人士，谁不想到煦园瞻仰瞻仰？在兰州其他园林中，所看不到的花木，在煦园里都可以看到。足见得水先生搜集之勤了。煦园里最使人爱慕的要算坐春轩（戴季陶先生替水先生题的斋名，有戴先生手书的横额）。门前几株梨花，窗外一丛翠竹，春天的花香，夏日的竹影，都足以引起我对坐春轩的回忆……煦园花木繁盛，四时皆春，水先生啸傲其间，醉眼观变，格外把人世间名利二字看得一文不值。的确，我如果有那样好的园林，我也愿敝屣一切。（许元方《忆兰州》）

父亲从北京回到兰州以后，在教学、政事之余与当时活跃于省会的文士往来甚密。这些朋友有两种不同的背景，一些是甘肃本地的文士，如王竹民、汪剑平、范振绪等。另一些是辛亥以后，由东南各地到甘肃工作的文人。这两种不同的文人对父亲有不同的认识和理解。甘肃省内与父亲年辈相仿的文人聚会时，曾以《红楼梦》中"金陵十二钗"的性格、趣味为范型来品藻人物。他们将陇上文人一一比附红楼人物，以史湘云喻比父亲（张思温先生依据张令暄所述，称"以王熙凤喻比水楚琴"出于道听途说，以讹传讹），其原由之一是父亲在当时省内文人间的态度。这一寓含人格评价的文字游戏，以《石头题名录》为题发表于民初甘肃某刊物。

父亲的另一些朋友，即由外地来兰州的文人，如蔡大愚、许承尧、蔡秋浦、黎丹、林子豫等。他们较父亲年长，其中有他的师辈。他们闲时聚会饮酒论文议政，对父亲的印象与本省文人不同。其中最有代表性的是许承尧，许承尧名际唐，安徽歙县人，长父亲十岁，光绪甲辰科进士，后为翰林院编修，国史馆协修。民初随张广建到兰州，先后任省政府秘书长、甘凉道尹、兰山道尹、渭川道尹等职。他在诗文中多次以庄周自况，而喻父亲为惠施。如 1921 年他从北京寄诗汪剑平，有"梦外皋兰意久孤……据梧坐想惠生瘝"等句，并自注，惠生"谓水楚琴"。这是由于他觉得父亲才华颖异，但"日以其知与人之辩""不辞而应，不虑而对"，显然与他那一代文人有不同的追求。同时，父亲又是可以与他对谈，可以相为阐发的人物。他离开父亲，觉得缺少了一个可以在相互论辩中展开的他的学术思想、经世抱负的对象。大有"吾无以为质矣，吾无与言之矣"的感慨。由此也可以想见父亲当年喜欢论辩，善于言词的气度。1934 年，父亲去南方时，专程去歙县看望许承尧，先生惊喜之余感慨万端，赋《喜水楚琴见过四首》：

> 廿载金城旧酒徒，五千里外过门呼。掀髯乍见翻疑误，执手相看各略瘝。
> 尚有仰天逃影地，且容温梦依灯娱。哀存叹逝浑闲事，莫损欢情付薄吁。
> 皋兰风物倘重看，愿假飞鞴得往还。挈盏香横花外路，题襟墨湿画中山。
> 风云放手须臾尽，歌哭滃心强半删。剩有难忘故人意，瓦盆弦索对酡颜。
> 怜君西上望河楼，关外冥冥万里秋。自昔化猿多涕泪，只今去雁久沉浮。
> 冲冠一夕闻边事，借箸何人惜胜流？太息昆仑张宴罢，可知阴蠮有潜虬！
> 度碛风砂郁不开，匆匆投笔去重回。难寻星宿真源水，误拾昆明未劫灰。
> 龙战竟逢天地否，鼠偷空为汉唐哀。荒荒大道余髡柳，终拟湘阴是将才。

诗中抒发了故人相见的惊喜，对昔日旧游的追忆和早逝友人的悼念，又有他对国事边情的忧虑。许承尧对民初政事的态度，与革命党人自不相同。但他的学识修养和诗文境界，在陇上文人中少有其俦。

后来父亲请范振绪先生以许承尧诗意画成《黄山访旧图》，悬挂在他的书房里。范振绪字禹勤，甘肃靖远人，光绪癸卯进士，是甘肃著名画家，山水师四王。他曾给父亲画了许多山水画，和父亲的交往一直延续到他去世。1958 年在批斗会上申辩自己"一生清白"而惨遭殴打，自此罹病，逝于 1960 年的饥荒中。

父亲的朋友中有不少以书画闻名于世，王震、姚华、余绍宋、张大千、于右任等人，都是当代著名书画家。其中关系最深的当然是于右任，他到兰州必来我们家，让妈妈为他做西北口味的简单面食。他每一次来家，我们都注意看他穿的黑布鞋和白粗布袜子。妈妈说，那是他的夫人给他做的。于右任给父亲写了许多字，煦园几处亭堂的匾额就是他的手笔，他送给父亲一幅他写的僧显忠诗："竹篱编茅倚石根，竹茎疏处见前村，闲眠竟日无人到，只有春风为扫门。"父亲很欣赏于右任写的这个条幅，也喜欢这首诗的意境，这个条幅一直挂在他的书房里。此外，还有一些并非书法家的人物也曾给父亲送过他们的墨迹，如章太炎、胡适、戴传贤、何遂等。章太炎的横幅"兄弟阋墙，外御其侮"是他遭禁闭之际，父亲去探望时所书。这个特殊背景使父亲异常珍重这件墨迹，一直挂在书柜上边。在"无产阶级文化大革命"中，章太炎的这幅墨迹与所有的书画卷轴一同被兰州一中的红卫兵所抄走，从此下落不明。

抗战胜利后，因煦园平庐屋顶结构问题，在其上加盖小楼，以清乾隆时期甘肃名儒梁济瀍所书"超然"为新建楼房命名。父亲读书、写作都由楼下移往楼上，他的诗友来访，亦常登高眺望南山，在这里留下了许多文采灿然的诗篇。超然楼作为煦园标志性建筑，一直保留到 20 世纪 90 年代中期，最后被兰州军区后勤部所属"八一房地产公司"全部拆除。由市中心广场通向五泉山的"新三路"即由煦园原址通过。

（九）从甘肃省教育厅到甘宁青考铨处

父亲担任甘肃省教育厅厅长职务，是从邵力子出任甘肃省政府主席时开始。民国二十一年（1932 年），南京国民政府任命邵力子为甘肃省政府主席，任命贺耀祖、孙蔚如、马鸿宾、邓宝珊、林竞、谭克敏、刘汝蕃、水梓为省政府委员，父亲兼教育厅长。

当时甘肃省刚走出连年灾荒战祸，经济、文化建设经费捉襟见肘。全省财政年收入在 800 万至 1 000 万元，1934 年教育经费 62 万元，1935 年教育经费预算 90 余万元，占全省财政预算的 7% 左右。教育厅长月薪 200 元，比东

图 4-8　父亲水梓　1940 年代

南沿海各省为低（当时兰州实验小学校长月薪为50元左右）。民国二十一年（1932年）访问西北的"女飞行家"林鹏侠记载："访教育厅长水梓先生……**水氏此次来长教厅，满欲一展抱负，奈因兹环境，有怀才莫施之感**"。女飞行家的这种感觉主要来自父亲名望与她所见到的甘肃经济文化条件之间的反差。实际上父亲并没有因为环境条件的恶劣而袖手不前，他从全省各地学校调集了一个"内行"的工作班子，秘书主任高文蔚，秘书曹英、杨国桢，一、二、三科科长薛达、苏珍、萧椒石，这几位原先都是工作优异的校长或教师，既有传统文化基础，又接受了新式教育观念，有的曾在国外留学。在文化观念上的接近和对当地教育实际状况的熟悉，使他们在私人情感和工作上都十分协调。

在邵力子主政甘肃期间，父亲曾代表甘肃省政府，对甘宁青三省行政区域的划定，提出新的方案。批评民国十七年（1928年）内政部决定将原甘肃省分为三省的决定"分省后以原有一省之财力，设三重政府机关，驻三省以上军队，使人民负担骤增三倍，搜刮剥削，竭泽而渔，无论甘肃连年饥荒，人民饿死无数，即不遭荒年，民力亦万难支持矣！且其所划之区域至不正确，将宁夏所属八县并阿拉善、额济纳划为宁夏省，将西宁所属七县并青海各蒙、番划归青海省，而留甘、凉、肃一长狭区域于甘肃，既不以人口、财力为标准，又不以幅员整齐、管理便利为依据，殊不可解！兹值国家变更省区之际，诚恐认甘、宁、青前已划分不再置议，影响西北行政前途殊非浅鲜！"他提出补救方案："一，如省制仍存、但缩小区域时，甘、宁、青应重行划分或改划为两省，以纾民困，而便治理。二，如省制改废，缩小区域时，只就甘肃原有区域划分，改定名称，其未经开发各蒙、番地方应另行设治，以免牵混，而生窒碍。三，省制无论存废，对于甘、宁、青行政区划，应请注重人口、财力及面积为划分标准。"这一设想未被采纳，但以后西北三省在经济上长期落后于全国，说明从制度上寻求解决问题的必要。

为了改变偏远地区轻视教育的现状，教育厅提请省政府嘉奖全省办学得力的县长，以取得地方政府对教育事业的支持。继而制定各种规章制度，缩小与东南先进省份的差距，一步步推行新的制度和办法。这些办法现在看来平淡无奇，但当时却无不需要做大量说服、争取、监督工作，方得实行。如推行全国统一的中小学各科课程标准；发展女子教育；推行注音符号；延长暑假，缩短寒假，改春季始业为秋季始业；中等学校停办四二制，改行三三制；按照教育部安排，进行中小学校会考；筹办甘肃学院医科及附设医院，并征得建设厅厅长同意，将雁滩荒地全部拨给甘肃学院管理，作农医两科学生实习之用；订立甘肃省国外留学章程和公费留学生名额划分方案，改个人投考后再行申请公费为按照实际需要划分公费留学名额；建立甘肃省科学教育馆，延聘科技专门人才开展普及科学技术教育；在全省各县普遍建立民众教育馆；由省政府拨付专款，解决外地求学甘肃学生的旅费等。

他为甘肃省工业会议的题词："神禹往矣，考工失传，货弃于地，国计维艰。科学技术，借石他山，群起建设，力能回天。"这既反映了他对中国传统文化与现代科技的清醒估价，也表现出他在发展科学技术上的积极态度。

民国时期的教育行政部门，除了主管教育之外，同时负责管理体育、文化、艺术、出版事业。父亲担任教育厅长时期，对开展体育活动、重视艺术教育和保存具有艺术价值的历史文物方面着力甚多。

学校体育是父亲一贯重视的项目，民国七年（1918年），省立一中成立五周年时，他主持举办了纪念校庆体育运动会，这次运动会不但是甘肃省学校运动会之始，也是甘肃省第一次举办体育运动会。在教育厅长任内，他主持订立了省垣中等以上学校联合运动会章程，设立了甘肃省体育委员会，兼任筹备主任。全省各地区举办运动会，均聘请他担任名誉会长。而一年一度的"省垣中等以上各校联合运动会"后来发展为全省运动会，成为当年兰州的一大盛事。除了促进全省学校体育活动之外，父亲注意选派运动员参加省外运动会。1933年甘肃各校选出的运动员参加西北运动会载誉归来，省教育厅安排将获得奖品在省民众教育馆陈列，并组织省垣各校师生列队前往参观。这些都是甘肃省体育运动历史上的首创之举。为了开辟符合国际标准的运动场地，在几经周折后终于取得省政府支持，在皋兰山下红山根建立了一个有 400 米跑道、标准足球场和观众看台的运动场，1935 年红山根运动场落成，成为当时西北各省唯一符合规格的田径和足球比赛场地。运动场落成之后，省教育厅还为这个运动场争得常年管理维护经费。红山根运动场从建成到五十年代后期，一直是举行甘肃省运动会的场所。在兰州新建了七里河体育场之后，红山根运动场保留至今，成为兰州市体委的训练场地。

1934 年，甘肃省教育厅向全省教育部门发出"研究改进艺术教育"的通令，通令指出"各县对于艺术教育墨守旧章，殊少改进"，要求以新的艺术教育思想充实和促进学校艺术教育。在选派往外地求学名额中，艺术专业亦得占居其中一项。

为保护文物古迹，教育厅会同民政厅两度调查兰州市名胜古迹古物，将清乾隆以前建筑、塑像、壁画登记列表，明确保管者，并订立了《甘肃省兰州市名胜古迹古物保护办法》。从当时兰州寺庙塑像壁画调查状况看，市内普照寺（大佛寺）为唐贞观中敕建，明永乐年间重修，当时已为中山市场占用，但寺庙建筑尚保存完好，塑像壁画均甚精美。城中鼓楼西庄严寺为民众教育馆占用，寺内壁画、塑像、匾书共称"三绝"，民间相传壁画为吴道子手笔，调查报告认为出自"宋元高手"。城西金天观为明代肃藩所建，其中浑元阁内贴金塑像最为精美。这些文物古迹先毁于日本空军的大轰炸，而父亲的后任则发出通知，命令在寺庙内办学的学校应将佛道塑像一概拆除。残留的寺庙建筑，在五十年代之后陆续拆毁，今天已经荡然无存。

父亲的教育厅工作，是 1931 年 8 月任命，1932 年 5 月就职。从他被任命到辞职，甘肃省换了几届主席，即马鸿宾、邓宝珊、邵力子、朱绍良、于学忠和朱绍良。他实际任职是在邵力子和朱绍良时期。在省政府交接之际，他几次正式提出辞职，几次被"慰留"。1935 年年末，东北军进入甘肃，父亲再次请辞，于 1936 年获准离开教育厅。

抗战开始后，父亲先后受邀参与筹建兰州市贷款委员会和甘肃省银行。省银行于 1939 年成立，父亲担任常务董事，并继梁敬錞之后任董事长。甘肃省银行是由原"甘肃省平市官钱局"转变而来的地方银行，由于它诞生于抗日战争之初，兰州市内遭日军轰炸，银行曾一度在煦园办公。除了我们居住的地方，银行借用了几乎全部房舍做他们的办公室。那些穿着阴丹士林蓝布旗袍的女职员们在园内穿行，使煦园从早到晚都热闹起来。我们可以到银行办公室（我家的客厅）里用他们的订书机钉作业本，看女职员飞快地拨弄算盘。省银行步入正轨之后，又办了运输车队，承运由苏联经新疆至内地的进出口商品。后来省银行搬出煦园，迁往兰州西郊下西园。煦园重新归于平静。

许元方在香港出版的《忆兰州》中对抗战时期的甘肃省银行有所介绍和评议："甘肃省银行是依法组织有资本五百万元的正式银行，向中央取得发行权，发行了有限制的辅币券，在省内很受欢迎，有分行 30 多处。向例省银行是省政府的外库，但甘肃省银行绝对是一个例外。自从省银行扩充资本增设支行以后，一向被压迫呻吟于高利贷下的农民、商民，都解除了桎梏"。

在辞去省银行董事长之后，父亲创办了甘肃省慈幼会，这是一个民间慈善机构，从事收养、救济灾荒中无家可归的幼儿。慈幼会办公地点在兰州五泉山麓（今五泉山公园大门路东）一个有十多级台阶的院内。

除了省银行、慈幼会之外，父亲还担任甘肃省中苏文化协会会长。抗日战争初期，只有苏联对中国提供武器支援，而兰州是苏联军用物资进入中国的枢纽，这就是日本空军将兰州作为他们轰炸目标的原因之一。正是在那一阶段，苏联派出志愿飞行员大队，其中一部分常驻兰州，与中国空军并肩抗击日本侵略者。中苏关系事关抗日大局，在重庆、兰州等城市成立的中苏文化协会，对巩固中苏友好关系发挥着重要作用。政府当局再三动员父亲出任协会会长一职，主要是出于两点考虑：一是父亲既是甘肃国民党元老，但与当时国民党核心势力有距离，并且与八路军驻兰州办事处的谢觉哉等人有交往，具有开明的政治形象；二是父亲懂俄语，擅辞令，善交际，是开展"国民外交"的合适人选。当时重庆政府外交部派驻兰州的外交特派员吕同侖、夏维崧等人，积极配合中苏文化协会的活动。苏联驻兰州领事馆和我家在一条路上，距离我家大门约半华里，苏联外交官员常来拜访父亲，有时邀请我们去参加"十月革命"庆祝活动。父亲以流利的俄语与苏联朋友谈中国文化，说西北民情，赞扬苏联对中国抗日斗争的支持。抗日战争胜利后，苏联驻兰州领事馆和商务代表与外界的联系逐渐减少，中苏文化协会也逐渐停止了活动。

在教育事业方面，除了省立一中和省教育厅之外，为筹办陇右公学也付出不少精力。陇右公学的筹备始于1925年，当时即将离任的督军陆洪涛拨出一笔专款，作发展地方教育之用，父亲和省内部分文士开始着手筹办陇右公学。父亲任陇右公学董事会董事长，校址选定于城南中山林，聘请高文蔚、张审琴夫妇分任陇右中学和小学的校长。

陇右中学以校舍建筑和师资水平冠于全省，在校兼课者多为西北师范学院和兰州大学的教师。1947年全省中等学校英语会考，陇右中学成绩名列第一。天浩、天培、天中先后毕业于该校初中部。50年代陇右中学改为兰州第八中学。

1940年，重庆国民政府考试院组建派驻各地的铨叙处，任命父亲为甘、宁、青铨叙处处长。这项任命显然来自考试院长戴传贤的意向，父亲和戴传贤相识甚早，但过去没有共事经历。他对戴传贤早年的偏激殊不以为然。两人一直有诗文往还，煦园客厅"坐春轩"匾额就是戴传贤所题写。

新成立的铨叙处是中央政府派驻各地，负责选拔和考核各级官员任职资格、级别的机构。甘宁青铨叙处负责西北甘肃、宁夏、青海三省公职人员的评审考核。从理论上讲，它承担孙中山"五权宪法"中我国特有的"考试"权的具体掌握。但旧中国人事制度混乱，职、级脱离，官员任免唯党政军首长意志是听。因此铨叙处有名而无实，经它选拔考核给予级衔的人员，并不一定可以获得相应的职务。

考试院甘宁青铨叙处成立之初在五泉山下慈幼会院内办公，后迁往城内学院街，与监察院甘宁青监察使署在一个大院里办公，这个大院在清朝是臬台衙门所在地。当时监察院长是父亲的老友于右任，甘宁青监察使是"五四"新文学运动中十分活跃的高一涵教授，他到兰州后与父亲结交，两人诗酒往还，后来一起组成"千龄诗社"。作为中央政府派驻单位的领导人员，两人颇受地方当局的尊重，各种集会必请出场，但又不过问具体的地方事务，俨然常留的宾客。

1946 年，铨叙处改组为考铨处，明确规定负责官员的选拔，主持各级文官资格考试。父亲又被任命为考试院甘宁青考铨处处长。在考铨处长宣誓就职典礼上，西北军政长官公署副长官陶峙岳致词："古人谓'唯名与器不可假人'，东晋南宋，滥用名器，以致国势衰微，濒于危亡……我国之一部治乱兴衰历史，皆以人治为第一关键……水处长以前办理教育，对于国家已有重大贡献，现任考铨处长，选贤任能，更当有无限建树。"作为宣誓就职的处长，父亲再次提到他为西北人才的选拔争取特殊待遇的一贯主张，民国二十三年（1934 年）他参加全国考铨会议，在会上建议国家在今后进行的各项考试中，应对边疆人才从宽录取。这一建议得到会议的采纳。在 1947 年的"制宪国大"中，他所提分省区分配考试名额的议案，也获得通过。甘宁青考铨处的工作人员只有个别人士（如赵松山先生）由南京政府考试院派来，大部分来自原教育厅，像高文蔚、苏珍等先生，在考铨处仍然担任主任秘书、科长等主要职务，大家相处融洽，配合默契，平安无事。

考铨处是父亲一生中最后一个担任正式职务的机关，它属于中央政府的派出单位，与地方军政当局没有隶属关系，这使父亲在这一段时间里日常心态比较自由。

1947 年，父亲作为甘肃榆中县选出的国民大会代表，赴南京参加了首届国民大会。这次国民大会的议题是制定中华民国宪法，父亲被推选为大会主席团成员，在宪法草案讨论中就民族区域自治、边疆地区的特殊待遇等问题发表了意见。他提出并获通过的各类考试分省定额议案，对经济形势落后省份的发展意义重大，同时他对新疆省某代表提议实行联邦制，给予新疆独立地位的意见予以激烈批评。按现在的说法，他一方面坚决反对边疆少数民族中的分离主义倾向，另一方面则积极争取以立法的形式对西北、西南边疆的人才培养选拔、经济文化建设予以尽可能多的照顾。1948年，父亲去南京参加"行宪国大"。在这次国民党会上，蒋介石、李宗仁分别当选为正副总统。父亲是支持于右任竞选副总统的，但于氏最后落选。

在开会期间，邓宝珊先生邀约父亲去玄武湖泛舟，在游船上纵论国家形势，他认为国民党政权大势已去，劝告父亲急流勇退，与国民党政权拉开距离。邓宝珊先生为人正直忠厚，他原先属于"西北军"一系，虽然当时担负华北军政重任，但始终与蒋介石嫡系军人貌合神离。这次谈话成为父亲坚决从考试院所属机构辞职的原因之一。

从南京回到兰州以后，父亲以年事已高，体力渐衰为由，再次请辞。此前他几次请求辞去考铨处长职务而未果，直到考试院找到继任者之后，才批准了他辞职，他办理交接是在1949年春天。继任者是父亲的朋友邓春膏，他是哥伦比亚大学政治经济博士，此前曾接替高一涵担任监察院监察使职务。

在父亲离任之际，兰州发生了"三·二九"学潮，学潮的起因是甘肃省政府提出，并经甘肃省参议会通过实施发行三百万银元的"甘肃省建设公债"计划。3月28日，西北师范学院学生与前去处理罢课风潮的教育厅长宋恪发生纠纷，宋恪被学生扣留，省政府调来宪兵压制。29日，省会大中专学校甘肃籍学生上街游行，冲进省政府，抗议发行公债计划。当时省政府、省参议会的领导者都成为学生斗争对象，纷纷趋避。省主席郭寄峤情急无奈，敦请父亲出面调解。父亲到省政府与请愿学生见面，一方面建议政府立即召开会议，研究学生代表的意见，重新审议公债计划；一方面劝解学生回校听候结果。学生回校之后，父亲劝告郭寄峤、丁宜中等人审时度势，以接受学生意见为好。郭寄峤表示赞同。3月30日，水梓、赵康侯、冯国瑞、周戒沉、周祥初、杨思（据一位当事人回忆，后二人未参加，待考）六位甘肃籍人士到兰州大学和西北师范学院与各校学生见面。父亲受郭寄峤委托，向学生代表宣布省政府决定接受学生意见，取消发行建设公债计划。对学生代表提出不许马继援的82军干涉地方行政、停止征兵征粮、惩治贪官污吏、严禁砍伐莲花山林木等要求，也都据实作出回答。1949 年之前甘肃省最大规模的学潮就此得以结束。

1949 年，国民党政府即将土崩瓦解之际，著名教育家、南开大学校长张伯苓接替戴传贤出任考试院长。张伯苓接任后任命父亲为考试院考试委员，但父亲没有赴任。这成为父亲在国民党政府中最后一个官衔，一个未曾赴任的职务。

（十）父亲的公余活动

20 世纪三四十年代，父亲虽然离开了教育界，但当时上层社会的许多人仍然把他视为文化教育界代表人物。他自己的公余活动，也是以此为中心。写字、作诗占去了他不多的闲暇时间。此外，他还参加佛教界的许多活动。

三十年代以后，父亲以书法闻名陇上。他早年学颜真卿，继之以柳公权，颇得颜柳之雄秀刚健。中年以后深研褚遂良、虞世南书迹，行草富于圆融舒展的气度。当时求他写字的人极多，十分之九的是素昧平生的仰慕者，尤以甘肃外县来兰州求学的青年为最多。父亲写字不讲"润例"，也绝不收受礼品。找他写字，只需送来几张宣纸，一瓶磨好的墨汁，宣纸边上夹上"敬求墨宝""赐呼某某"的小纸条即可。每隔十天半月，求字者送来的宣纸便堆积如山。如果星期日无事，父亲必到"寥天一室"偿还书债，少则半日，多则整天。男仆陈天禄常在父亲写字时为他拉纸，连续数小时之后陈天禄站也站不住了，这时就由我们接替。直到屋内和屋外走廊、平台全晾满了书法条幅，每张纸的四角都用鹅卵石压着，夏日的微风总是把一张张宣纸吹得鼓鼓胀胀的。有两个装徽县酒的大酒篓，里面装满了做镇纸用的鹅卵石。

苏联领事纳萨罗夫和领事馆的官员是煦园常客，中苏文化协会经常在煦园宴集，表情严肃的苏联官员常常带来一些有苏联特色的礼品，从"外国文出版局"出版的精装中文马列著作、《联共（布）党史简明教程》、列昂节夫的《政治经济学》到方糖、鱼子酱和蟹肉罐头。那些马列著作成为二哥天明的政治启蒙读物。我们也经常去苏联领事馆看苏联电影，像《彼得大帝》《夏伯阳》《保卫列宁城》等。到每年十月革命纪念日，他们便以红旗、斯大林像和红色条幅装饰他们的楼房，并邀请父亲参加他们的庆祝集会。父亲从苏联人的庆祝集会上回来，讲他如何受邀在晚会上与苏联外交官的夫人跳舞的场面，使我们大为惊奇。

由各地流寓兰州的诗人几乎都与父亲有所交往，经常举行各种类型的雅集，互相交流新作。上层文士组成千龄诗社，是在抗战后期。先后参加千龄社活动的除了父亲外，还有高一涵、朱绍良、慕少堂、丁宜中、王竹民、翁醉亭、张质生、徐韵潮、徐玉章、范振绪、杨济州、易君左、冯国瑞、陈果青等人。由于参加者年龄相加约一千岁，遂定名为"千龄社"。千龄社主持人为朱绍良、高一涵，朱、高离兰后，由父亲主持诗社活动。千龄社没有固定的活动地点，但每年春秋佳日，即牡丹盛开时和重阳节前后，千龄社成员必然到煦园聚会，他们在春日花丛或深秋红叶间漫步宴饮，分韵作诗。千龄社诗文已散佚殆尽，朱绍良有《千龄社集首次姿韵》一首：横戈慷慨饮酎时，遇闰重阳千岁姿；万里关河千滴泪，几声丝竹一枰棋。老怀偏爱伊凉曲，壮志争吟敕勒词；晚菊满庭还寄傲，余香吹上武侯祠。

四十年代后期，"千龄社"成员中多人离开兰州。新一代诗人在兰州组建"和平诗社"，其发起者主要是当时《和平日报》的编辑人员，他们推举父亲为社长。和平诗社存在不到一年。1949年年初即停止活动。当年"和平诗社"的发起人之一唐昭防在《和平诗社杂忆》中记述当年形势："1948年6月17日，《和平日报》兰州社理事会、监事会正式成立，公推张治中为理事长，水梓为监事长，西北各省军政首脑均列名为理事、监事……10月6日"和平诗社"成立大会在金汤门物产馆举行到会社友60余人……当水老光临时，社众鼓掌欢迎，易君左提议水老为大会主席……水老略谓本继往开来，以文会友之精神，而和平为人类之心声，共悬和平颂祷之鹄，为本社以和平命名之用意也。" 和平诗社成立时，恰逢父亲陪同张治中等人视察河西返回兰州。同往河西的易君左即席赋诗，诗中尊称父亲为"西北东坡"，喻西北之"煦园"如袁枚之"随园"：

　　风沙驰骋六千里，诗酒纵横四十年。锦浪鸳鸯金塔雪，柔丝杨柳玉门烟。

　　煦园不落随园后，大水长横小水前。西北东坡情意重，重阳风雨菊锅鲜。

　　诗中"菊锅"当天筵席上的"菊花火锅"——在火锅中撒上洁白的菊花花瓣，色香别具，是母亲待客的菜肴之一。

（十一）父亲与佛教

　　像民国初年的许多中国文人一样，父亲从中年开始就对佛教有极深的兴趣。在赈灾委员会与虔诚的佛教居士王震、朱庆澜的交往，加深了他对佛学的兴趣。在"南王北朱"的引荐下，父亲先后拜访了太虚法师、印光法师等佛教名人，他对太虚的思想和气质十分欣慕，这成为父亲学佛的开始。而从阅读佛经、谈论佛学、巡礼佛教名山，到供奉佛像、吟诵佛经，是他拜喜饶嘉措为师之后的事。父亲与喜饶嘉措的相识，是由父亲的老友邓隆先生介绍。邓隆字德舆，青海循化人，喜饶嘉措的同乡。

　　喜饶嘉措开启了父亲精神生活的另一个天地。他成为虔诚的佛教信徒，为自己取法名"一沤"（沤即水中浮现的气泡，《楞严经》："空生大觉中，如海一沤发"），黎明即起，洗漱完毕，就在供奉着大大小小的佛像的房间里（孩子们叫这间屋子为"念经房子"）用藏语念经。除了他自己，我们并不清楚父亲每天所朗诵的经文的意思，但每天清晨父亲吟诵佛经的响亮声音，与园中鸟雀黎明时分的鸣叫一起，把全家人从梦中唤醒。

　　喜饶嘉措是青海循化人，曾经当过达赖十三世的经典侍讲，《大藏经》总校编。三十年代以后，在西北和北平、南京等地的大学讲授藏传佛学。当时兰州的报纸每次报导喜饶嘉措的行踪，都有"喜饶嘉措大师来兰，在水公馆小住"或"喜饶嘉措过兰，下榻颜家沟煦园……"之类的文字。作为佛学弟子，父亲对喜饶大师恭敬有加，在我们的印象里，父亲对喜饶嘉措的尊敬超过他所接触的任何人。但在孩子们的眼里，喜饶大师（在我们谈话中提到他的时候，只能这样称呼他，而绝不可以说"喜饶嘉措"）是平易近人的长者。在春秋季节，他常常穿着黄色或褐色的长袍，戴着银边眼镜，光脚穿一双英国皮鞋在花园里散步；冬天常见他盘腿坐在热炕上，一边读书，一边吃辣椒油和干牛肉末炒韭菜；他不但教会了父亲调制酥油茶，还教给我们怎样做糌粑，怎样在烤熟的洋芋里搅拌奶油，还送给两个哥哥精美的黑色绒皮嵌边藏式长靴，那简直是可供收藏的工艺品，哥哥们经常拿出来穿一阵，又脱下保存起来。

喜饶大师的随员一直是藏汉各一人，那位忠厚谨慎的藏族随员我们称呼"格西"；汉文秘书叫杨质夫，有深湛的藏文修养。杨质夫与西康女政治活动家冯云仙结婚后，由四川人成木天（法名成觉）做秘书。那时喜饶大师为各方面撰文题词，往往由父亲在他亲笔题写的藏文下面工整地写上由杨质夫译成的汉文。1951年杨质夫以反革命罪被拘禁，判处死刑缓期执行，后改判无期徒刑。但当时中央一些需要藏汉对译的重要文件，只能由他做最后的校订。他多次戴着手铐由公安人员押送去校订重要文件的译文。在监狱中，他继续为藏文辞书和印刷字模作出极大贡献，两次获减刑，最后以"重大立功表现"获释，离群索居于西宁，在六十年代初的饥荒中病饿而死。

甘肃、青海各地的活佛大都与父亲有所交往。四十年代末期，十世班禅额尔德尼从青海到兰州时，曾专门到煦园与父亲会面。事前父亲就做了周到的安排，在书房里摆放了许多鲜花和插着藏香的香炉，书房靠北面南正中安放了一个铺着金黄缎子的太师椅。年青的班禅大师到来后，父亲请他坐在椅子上，然后按喜饶嘉措传授的仪规向班禅行礼。班禅送给父亲许多礼品，有精美绝伦的铜质佛像，有清帝御赐的成对花瓶等。在他来去煦园的途中，万人空巷，善男信女在沿途等候焚香朝拜。

除了对藏传格鲁派佛教的信仰之外，父亲也参与兰州当地佛教协会的佛事。1933年，邓德舆先生与兰州普照寺（俗称大佛寺，在今兰园内）方丈蓝大师（法名悟明）发起组建兰州佛教会。父亲与裴建准、杨思等先生欣然参与其事。

四十年代初，父亲参与发起修建皋兰山南后五泉夜雨岩的释迦牟尼塑像，安置在山崖凹进处的塑像高约五米，面对丛林远山。落成之日，专门从四川请来心道法师主持开光仪式。兰州大佛寺住持月庵大师（蓝大师的弟子，俗姓王，人称王大师）经常到煦园与父亲饮茶谈佛。

日本对兰州的大轰炸，使普照寺成为一片瓦砾，幸好贮藏佛经的房舍完好无损。父亲接受大佛寺僧众的请求，将寺中收藏的数千卷佛经和铜塑佛像运到煦园，运送经书的当天，全体僧众搬运守护，兰州城内的善男信女沿途焚香礼拜，经卷到煦园后安置在留云山馆，抗战胜利后安全送回寺院。但逃脱了日本轰炸的经卷，却在1958、1966年的"浩劫"中灰飞烟灭了。

父亲的老友中，也有好几位佛教居士，如安徽的水崇逊，兰州的裴建准，青海的魏兰芳等先生。张大千以一个佛教居士的身份曾为父亲绘制大幅观音像多帧，这些巨幅佛像在"无产阶级文化大革命"中被抄没。

（十二）与政界人士的交往

从邵力子开始，国民党政权派驻西北的几任军政大员，对父亲都很尊重，但父亲与他们的关系则有亲疏之别。朱绍良是国民党军界资历很高的人物，由于他嗜饮酒，善诗文，时人评之为儒将。抗战开始后他以第八战区司令长官兼

图4-9 父亲水梓陪同张治中视察河西，前排右起张治中、水梓、张素我

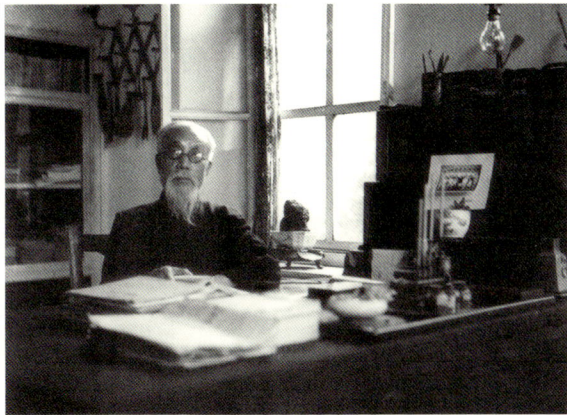

图4-10 父亲水梓在书房"平庐"

甘肃省主席职务到兰州，当时父亲是省政府委员兼教育厅长，不久就以诗酒订交，共同发起组建千龄诗社。朱绍良的夫人朱花德芬是贵州苗族姑娘，一个讲究饮食的女性，饮食服饰挑剔而心地单纯，所以母亲乐于和她来往。她对母亲的性情、风度到母亲的烹饪都极为赞赏，每到煦园百花深处小住，便乐而忘返。朱绍良和朱太太育有六个女孩两个男孩，她的子女也成为我们来往频繁的朋友。朱氏夫妇极喜爱年幼的天长，曾以天长为他们的干女儿。

在诗文修养方面，朱绍良在当时军政要员中堪称一流。他和父亲的交往基于传统文人的诗酒情趣，赏花、赋诗、登高、饮酒是他们经常性的活动内容。在政治主张上，除了朱绍良标榜的"无为而治"之外，并没有多少深谈的问题。

在父亲一生中，除了早期的范源濂之外，在对他的生活道路发生影响的人中间，应该算是喜饶嘉措和张治中两人了。1946年二月，第八战区撤销，另组国民政府主席西北行辕，朱绍良调军事委员会副总参谋长兼办公厅主任。张治中继朱绍良成为西北最高军政首长——西北行辕主任并兼理新疆省政府主席（后来内战开始，各地行辕改为绥靖公署时，独有西北行辕依照张治中意见改称西北军政长官公署）。张治中到兰州后很快就与父亲建立了超出政务工作关系的友情。与朱绍良的诗酒往还不同，张治中和父亲的关系是建立在对时局以及西北历史、现状的共识上。可以说，在私人感情层面，父亲与朱绍良的关系较深，但在政治思想层面，他与张治中的关系远超过朱绍良。父亲觉得张治中是一位思想开明而有深谋远虑的人，这样的人在后期国民党政府的高层人员中并不多见。父亲作为考试院派出机构的负责人，与地方军政事务本来没有关系。但张治中在处理新疆问题以及整个西北形势的思路，是尽量发挥可以代表当地民情民意的上层人士的作用，制衡专横的地方民族势力。他所主持的《和平日报》周刊曾刊发专文介绍水梓生平，谓"从他的一生，可以看出一部近代中国史和一部中国西北史，而他的文学家的心情，政治家的风度，教育家的态度，哲学家的见解，几熔为一炉"，文章最后作出这样的结论："如果说天下有'完人'，在西北，我们便要首先推出水梓。"在这种认识基础上，张治中希望父亲以代表甘肃以至西北上层人士的身份，与他相配合，以实现他在民族团结、与共产党和平相处基础上"退保西北"的打算。

1947 至 1948 年间，张治中在兰州发起组织的各种活动，必邀父亲参加。如举办有关西北建设和时局的系列座谈会，座谈会由张治中、水梓出面做召集人；西北行辕主管的兰州《和平日报》社，由张治中任理事长，陶峙岳、郭寄峤、黄少谷为副理事长；水梓任监事长，宋希濂任副监事长。

1948 年初夏，张治中前往宁夏视察，父亲应邀同行，同行的赵龙文登贺兰山赋诗，有"缓带雍容今太傅，临流讽咏老东坡"之句；1948 年 9 月，张治中去甘肃河西各县视察，再次邀约父亲与他同行……甚至在他举办面向兰州市民的"管夫人独唱音乐会"（管夫人即后来担任中央音乐学院声乐系主任的喻宜萱）五泉山东龙口露天专场，当时登台的就是张治中与父亲。对于像张治中这样的谋略家，作出这些活动安排，当然不仅仅是出于他与父亲的私人交谊，而是借此显示一种政治态度和文化态度。

从宁夏回到兰州，张治中去榆中兴隆山消夏，邀父亲同往。张治中后来在他的回忆录中记述当时的情况是"带着苦闷的心情待在离兰州六十公里的兴隆山上从长考虑……在那里，我对当时的时局做了一个详尽深入的研析，结论更加确定：蒋是一定失败的……"他对时局"详尽深入的研析"正是与父亲一起进行的。父亲此行有诗："我来伴坐双松下，细啜清茗话夕阳……"诗句反映了当时他们二人对国事时局出路难觅的心态。张治中当然不能向外界张扬他的这种结论，但他让《和平日报》在重要位置发表了父亲这首诗，报纸以这两句诗为大字标题。并由编者加了按语："7 月 24 日张文白将军在兰州举行记者招待会，会后即赴兴隆山小游，并邀约水楚琴前往，昨日同返兰垣。水处长山中成诗四首，亟录于次"。

兴隆山是兰州附近林木蓊郁，山泉清冽的游览胜地。抗战时期成吉思汗的陵寝就安置在兴隆山一座寺庙里，每年西北军政各界在那里举行祭奠成吉思汗的典礼。兴隆山也是我们全家最喜欢的旅行地点，父母多次带领全家大小去那

图4-11　父亲水梓　1950年代

里游玩，但都是当日往返。兴隆山的西山，即栖云山山麓，有一座为蒋介石夫妇修筑的别墅。这座砖木结构的两层小楼，按今天的标准看实在是过于简陋了，但它确实是蒋介石与宋美龄住过的地方。1948年张治中去兴隆山，就住在那座小楼里，他常邀父亲与他同去，并让父亲携带子女同行。他们除了登山，就是谈古论今，傍晚在面向山谷的双松下喝茶谈天，晚间在屋内灯下作长谈，此即父亲诗中所记"时事安危具卓见，连窗共话过深宵"之谓也。在东山山腰石径松阴下，张治中修建了供登山者歇息的小亭，请父亲书写"喜松亭"匾额并撰写了对联"静调琴韵听流水，更历岁寒爱老松"。这副对联一直悬挂在那里，但"反右"运动以后，对联上父亲的署名被凿去（八十年代以后，有些回忆文字称对联与匾额为张治中撰写，其说有误）。张治中的夫人洪希厚与我们母亲交往甚笃，他的女儿张素我女婿周嘉彬和我们兄妹的交往一直保持到今天。

兴隆山长谈之后，张治中为国民党政权承担的最后一个任务是率领代表团赴北平与中国共产党谈判。后来谈判以决裂告终，但在他出发之前，对时局的悲观判断已形成明确的结论。父亲则坚定了辞去考铨处职务的决心，对于他个人来说，从青年时期开始的政治活动已经实际结束。

父亲是通过科举考试以及随后的学堂教育，从穷乡僻壤进入现代文化圈的。从基本的价值观念看，他属于20世纪初期的传统文人。但他求学的时候适逢中西、新旧文化碰撞交汇，因此他的知识结构和政治、法律观念又深受西方近现代人文主义思想的影响。正是在这些方面，他与其同代文士有所不同——他热爱传统文化，但深知盲目守成是没有出路的；他有浓厚的乡土观念，但一直警惕着闭塞导致的短视和保守；他极力维护民族团结，与许多回族上层人士交谊极深，但从不避讳狭隘民族主义的极端危险。辛亥革命以后，他在甘肃文化教育方面经常起着沟通中央和地方、沿海和内地、汉族和少数民族，以至传统文化和现代文化的作用。他的成长、求学背景使他能够以不同的"话语"在新旧交替的历史环境中工作和生活，他属于20世纪中国新旧文化交替之际的过渡一代。

（十三）进入新时代

张治中作为和谈代表团团长去北平后，马步芳被任命为西北军政长官公署长官。1948 年，考试院长戴传贤自杀身死，新任考试院长张伯苓于当年任命父亲为考试院考试委员。这一阶段父亲对是否去广州或台湾曾作认真考虑，最后决定不离开兰州。这一方面是因为他受中国传统"安土重迁"观念的影响，而且全家十数人一起离开兰州，谈何容易！另一方面，他从大半生经历考虑，认为政治局势的变化不会对大家的安全生存形成威胁。在四十年代最后几年里，从争取和平的张治中、邓宝珊到追求进步的次子天明，以及各方面朋友的言谈中，对共产党的政策不是毫无所知。虽然也听到许多反面的说法，但他推测共产党是会以开明通达的方式治理国家的。

1949 年春节，父亲以《诗经·小雅》和《岳阳楼记》集句写成春联："先忧后乐，终和且平"，这幅张贴在煦园大门的春联，反映了他对时局的估计和他当时的心态。

马步芳到任之后曾宣布"聘请水梓为军政长官公署顾问"，这当然是空头名誉。此时战争空气陡然高涨，张治中在兰州多年营造的平和的政治、文化生活完全停顿。

1949 年初夏，原来在张治中手下担任副长官兼参谋长的刘任来看望父亲，力主父亲离开兰州以避战火。他说马步芳已经决心在兰州大打一场，但即使将解放军阻挡在兰州市区之外，解放军的炮火射程也完全能覆盖兰州全境。为了安全，他劝告父亲与家人赶快离开兰州，目前他还可以提供交通工具。当时的出路只有河西与青海两个方向，青海方面，父亲的老同学杨希尧邀请他去西宁。于是父亲率天明、天长、天中、天达、天行去西宁，二嫂沈嘉微携出生不久的安安与天明同行。母亲与大哥天同、大嫂高友梅、妹妹天光留守兰州，三哥天浩在暑假期间与同学去了酒泉，父亲让他顺便了解河西的情况，万一青海也打起来，去河西躲避战火也是一条可以选择的路。

父亲一行到西宁后，受到杨希尧先生热情接待，我们住到他家花园"觉园"里的小楼上。这个花园背靠城墙，环境幽静，花木扶疏。园里的李子树上金黄的果实簇簇累累，我们每天在树下徘徊，验证"桃李无言，下自成蹊"的至理名言。

八月中旬，兰州战局趋于严峻，西北军政长官公署送来几张去台湾的机票，父亲与二哥商议后决定不去台湾。也有人建议父亲从速离开西宁，取道祁连山口往河西走廊，与向西撤退的军政人员会合。这一建议也被父亲婉拒。八月下旬，传来马家军溃败，解放军进入兰州的消息。

原在张治中手下任职的陈必贶来访父亲，说受张文白先生委托，希望父亲出面，由西宁越祁连山去张掖酒泉一带，劝说驻守在河西走廊的国民党守军起义。父亲以年老力衰，不能远道跋涉婉辞，但他给驻守河西的将领写了信件，说明了当时的形势。

在兰州，炮声最猛烈的时候，妈妈和大哥、大嫂、宝明就躲进留云山馆下面的地洞。那是抗战初期为防备日本轰炸建造的防空设施，前院的住户也都到洞里躲避。经过连续几天的大炮轰鸣之后，炮声在一天清晨突然停止。妈妈打电话问电话局，她得到接线员的回答："兰州解放了！解放军已经进城了！"

经过短期的真空状态之后，第一野战军第一兵团司令员王震率领的解放军进入西宁。经父亲的老友魏兰芳联络，父亲前往解放军驻地与王震会面，当时王震正准备进军新疆，以西北边疆历史沿革相询。父亲介绍了左宗棠平定陕甘回乱，出兵天山，屯田戍边的种种史实。王震对此大感兴趣，托父亲回兰州后为其借阅左宗棠著作，父亲十分乐意地答应这一嘱托。王震劝父亲回兰州，他安排解放军军车，送我们和张维先生一家同车离开西宁。那是一辆美制 GMC 大卡车，车上还装了许多新鲜牛肉和面粉。我们坐在麻袋包装的牛肉上，感受奇特的柔软和弹性。

父亲自青年时期就是左宗棠的崇拜者，收藏有各种版本的左宗棠著作。他回到兰州后如约将《左文襄公文集》托交挥师西进的王震。一年后王震派人归还这些书籍，从书页中的许多用作书签的纸条可以推知，王震曾认真阅读左宗棠的著作。

新中国成立后，父亲参加了"甘肃省各族各界人民代表会议"。1949年12月，西北军政委员会成立，父亲被任命为西北军政委员会委员。这一职务是经张治中推荐任命的，当时彭德怀任西北军政委员会主席，习仲勋、张治中、赵寿山任副主席。在报纸上公布的委员名单上，水梓被列为"教育界"人士。兰州上层民主人士对这一任命颇有微词，他们认为父亲在旧中国名位显赫，新中国不应该再接纳旧政府的官员进入大区权力机关，随后在兰州僻背街巷中出现了粉笔书写的"打倒水梓"的标语。

这件事对父亲的感情是一次打击，特别是因为反对声浪并非来自工农群众或共产党、解放军方面，而是来自本省籍的上层人士。据称张治中在与甘肃上层民主人士座谈时曾专门就这一问题加以解释，但未得到一些人的谅解。最后张治中问几位年老的民主人士："那么你们认为水梓是坏人还是好人呢？"在沉默片刻之后杨思回答道："不失为好人"！

父亲只有一种选择——他拒绝去西安出席军政委员会会议，并正式提出辞职。他的辞职要求在1950年中获得批准，《甘肃日报》在报道西北军政委员会开会的新闻标题之下登出一行小标题："水梓辞职获准"。这成为新中国成立初期绝无仅有的一次"辞职"。

五十年代初期，兰州举办书画作品展览，省文联派人来邀请父亲以书法参展。父亲再三考虑后以行草书写陶渊明《归去来辞》，他认为陶渊明在《归去来辞》中表现的"今是而昨非"的选择，是符合新时代知识分子与劳动人民结合这一大方向的。他写得十分认真，可以算是晚年书法的精心杰作。但在预展审查时有人认为这件作品既是封建士大夫情趣的表现，又是在新社会脱离群众自命清高的思想反映，因此不得展出。这件小事具有一定的象征意味，新的意识形态环境与父亲所想象的显然有很大距离。除此之外，镇压反革命、土地改革等大小运动，都是在党的"保护民主人士"政策下，得以安全过关。为抗美援朝"捐献飞机大炮"、强制购买"爱国公债"使父母很紧张，最后是以交出煦园之外的所有房产结束。

当时对全家人形成很大心理压力的是即将开展的土地改革运动。父亲原先没有土地，抗战开始后，同宗水星垣一再劝说父亲购置土地，作退休、养老的依靠。于是父亲于1939年在兰州东郊泥窝子（后改称宁卧庄，其地在今科学院兰州分院一带）购买了种植小麦、水烟叶的土地约40亩。这些土地全都租给当地农民，每年秋天有佃户送来粮食作为地租。从1950年开始，父亲在他所参加的大小会议上一再表示拥护土改政策，主动交出土地的态度。"土改"运动开始后被划为地主成分，但父亲作为民主人士，没有戴地主分子"帽子"，土地改革这一关平安度过。

1950年代中期，兰州开始大规模市政建设，父亲被聘参与规划。在拆迁著名的兰州卧桥时，他认为这个极具特色的古桥易拆难建，力主保留卧桥而将规划待建的新桥桥址北移。但建设部门以桥址北移将增加道路和新桥建筑预算为由，否定了他的建议，实施了拆除移址再建的方案。后来拆开的卧桥成为一堆无法处理的废旧木料。在准备整修五泉山之前，市政府请他提出方案。他约请了曾参与修建寺院的王茂玺等老工匠，从山下到山上，仔细考察测定后提出了具体的整修建议。五泉山整修完成后父亲的喜悦溢于言表，但他对拆除原有的彩塑"四大天王"一再表示不满，"反右"运动中这当然成为他的罪状之一。

五十年代中期，各方面的政策趋于开放缓和。陇海铁路西段通车之后，兰州的经济、文化面貌一新，妈妈为方便地买到鲥鱼和对虾而高兴。煦园花木依然葱茏。父亲被推选为甘肃省政治协商会议常委，"民革"（中国国民党革命委员会）甘肃省委员会成立后，他被推举为副主任（主任由甘肃省长邓宝珊先生兼任），他与甘肃省从事统战工作的党员干部蒙定军等人有经常的联系交流，他认为其中有许多德才兼备的人才。1954年开始，他频繁出席各类会议，并先后率甘肃省"民主人士"代表团到北京、西安参观考察，并率甘肃省代表团参加孙中山先生诞辰90周年活动，到南京中山陵谒陵。在北京列席全国政协会议时，受到毛泽东、周恩来等领导人的接见。原先混乱无章的大城市，在共产党的治理下，显得井然有序，这很使他感到振奋。最使他感动的是，周恩来竟然说在南开上学时见过他。父亲回忆，那只能是四十年前参加全国教育会议之后去天津南开作短暂考察时的事情。

1956 年，邵力子、仇鳌（仇亦山）到兰州，来煦园看望父亲，辛亥革命时期的战友相逢举杯话旧。仇鳌且有诗相赠：

自昔要盟正壮年，倾襟晚节各华颠。时清有味谈天宝，说到江湖一粲然。
同盟会初创时为便于秘密联系，制定种种口白与手式。
玉关杨柳引春风，左帅旌旗在眼中。此着倘输成底事，英狮俄鹫满凉雍。
时帝俄阴谋在北疆建立东土耳其斯坦，英国亦谋将南疆并入印度。
中山首义为民生，虎踞龙蟠奠国京。西望天兰归一统，策勋合著使君名。
辛亥革命君负责策动甘肃独立。
地北天南语未央，牡丹酥好客先尝。主人无限萧疏意，导入园林揽众香。

——仇鳌《赠水楚琴》四首，1956 年

（十四）"大跃进"和"困难时期"

1958 年年初，水天中作为省文化局下放干部，首先被送往玉门花海农场劳动；是年初夏，天明、天长也先后被送往酒泉边湾农场劳动。天长临行时父亲有诗《天长下放酒泉赋以示别》：

儿女连番到酒泉，不堪话别是衰年；垦荒万里英雄业，耕读一家兄弟传。
劳力争先勤锻炼，守身为大保安全；春风待渡玉关外，赢得光荣及早还。

几个儿女离家去河西荒漠劳动，是这个家庭生存环境发生巨大变化的开始，但父亲在子女面前努力保持镇定与乐观。1958 年春天，他与其他"右派"分子除了继续学习、检查之外，不断参加劳动，如修建沿黄河堤岸的滨河马路，搬运砂土、石块。

图 4-12 父亲水梓 1960 年代

1958 年八月初的一个夜晚，一位素昧平生的陌生人来拜访父亲。他以关切与同情的表情悄悄透露，兰州全市即将开展一次运动，提醒父母亲注意藏好家里的鸦片之类的东西。父亲对此大惑不解，因为他从来不接触一切毒品，只能以从不收藏任何毒品相告，但对陌生来客的好意招呼仍然表示了真诚地感谢。

果然，几天后大规模的"肃毒运动"开始。鼓楼巷派出所的一位小个子警察带领街道办事处、颜家沟居民委员会的干部和居民中的积极分子闯进家门，他们押解父母亲去小沟头兰师附小——"肃毒运动"的会场。在会场里，赫然坐着那位上门"透露风声"的陌生人，原来他是公安局鼓楼巷派出所干警，假扮同情者来摸底。在批判斗争中，勒令交出毒品、枪支、无线电收发报机和违禁物品，这使父母亲完全无法回应——他们有生以来从来不曾有过这些东西。

有一次父母被叫去批斗久去不归，天行去兰师附小批斗会场外探望，积极分子看到后如临大敌，把天行赶出会场，并警告他不准再来。每天深夜，父母亲和在身边的子女神经紧张地等待街道积极分子上门来批斗辱骂。朝夕过从的邻居、多年的世交子弟，一夜之间成为穷凶极恶的打手。在各种规模的批斗大会仍然没有达到目的的情况下，他们便对母亲下手，将母亲交给畅家巷铁厂的工人批斗。畅家巷铁厂是"大跃进"中新组成的工厂，干部、工人来自原先的五金作坊和铁匠铺，他们围攻、谩骂，并殴打年老的母亲。然后以母亲为人质，关押到鼓楼巷派出所，只准许家人送饭，以此威胁父亲交出他们想要的东西。经过几天僵持之后，派出所方面终于亮出他们的目标："你没有枪支、毒品，金银现钞总有吧？把金银现钞交出来，我们就放人。"父亲将五十年代初出售曹家巷房产所得的一些银元和金条找出来，派出所的人当场说："这就对了"！拿到银钱的他们言而有信，将母亲放回。

在这次运动中，我们的三叔水枬不堪迫害侮辱，于 8 月 20 日前后，留下"士可杀不可辱，逝矣！"的遗言离家出走。三叔离世不久，婶母苏婉芳也一病不起。三叔离世前曾在黄河岸边徘徊终夜，后来又返回与父亲晤谈，父亲劝他把心放宽，一切往远处想。

在他第二次离家之后，亲属到黄河两岸、南北两山寻觅，终究没有找到任何踪迹，从此生死茫茫。

八月下旬，在小稍门外碱滩又开始举行大规模的群众批斗大会，其激烈程度超过在兰师附小的历次斗争会。但大会开了一次，"肃毒运动"就突然停止。从此不再有任何人提起这场使许多市民家破人亡的噩梦般的灾难。没有任何人在任何场合提起过这场"肃毒"运动，似乎它从来不曾发生过一样。当时，作为"右派"分子的父亲不去参加开会学习，是要请假、汇报的。父亲向省委统战部和省政协领导汇报"肃毒运动"被批斗、抄家的情况，统战部和政协声称对这场"肃毒运动"一无所知，全国各地以及甘肃省的一切报刊对这场"肃毒运动"也未见片言只字。

在大炼钢铁的日子里，父亲与省政协的其他"右派"分子在杨家园附近（原基督教青年会运动场）参加炼铁劳动，他和裴建准等老先生的任务是搬运、码垛矿石、炉渣。对于年逾七旬的老人们来说，这些劳动确实过于沉重。但最令人难以忍受的是带领和监督他们的积极分子无休止地申斥和挖苦，他们抓紧一切机会训斥、嘲笑这些衰老的"右派"分子，以此表现敌我界限的分明和革命立场的坚定。从"反右派"运动开始，到大炼钢铁劳动期间，与父亲同罹患难的裴建准等人如涸辙之鲋，彼此照应安慰，黄正清、杨景周、马廷秀、马仲雍这几位少数民族上层人士还暗中保持着温暖的友情。

1958年夏秋之交，在"社会主义私房改造"中，煦园的绝大部分被"改造"。除了父母亲和二哥天明一家居住的一小部分房屋继续属私人所有外，花园大部分均归兰州城关区五泉人民公社管理。在省委兴建接待高级干部的"宁卧庄招待所"时，从煦园挖去了许多牡丹和竹子。五泉公社与解放军兰州军区总医院在煦园内办起了"城关区军民联合医院"。父亲的书房成为院长办公室，园内的房舍亭榭成为各科门诊室，百花深处和寥天一室等处成为住院部，醉棋亭成为加工和堆放中草药药材的仓库，厨房、浴室和厕所成为医院食堂。原来悬挂在楼台亭榭间的匾额、楹联全被毁弃。池塘草木之间，随处可见废旧医疗器械和外科病房丢弃的垃圾。虽然煦园已经成为熙熙攘攘的公共场所，但医务人员和就诊病人都能友善地"和平共处"，父母亲在面目全非的煦园中继续居住了八年。

使"大跃进"狂热冷却的是波及全国的困难时期。从1959年夏天开始，兰州居民定量供应的各种副食先后取消，肉、禽、蛋、鱼、糖……只留在人们的记忆之中。1959年年末，居民粮食定量减少。随后街道干部开始挨门挨户搜查居民家中积存的粮食，他们细心检查每一个房间中的每一处有可能存放粮食的地方，一些早已被父母忘记的豆子、干玉米棒被收缴得一干二净。连父亲为他自己做的棺木中放的一些小麦也被收走（按甘肃的老风俗，做成的棺材不可空置，而应装上粮食种子）。

在全国性的自然灾害中，不管是运动中的积极分子还是批斗对象，大家都没有逃脱饥饿的折磨。好多在"反右"和"肃毒运动"中与父亲划清界限，批判控诉、冲锋陷阵的人物，先后上门看望父母亲，对他们先前的无知和无礼表示歉疚。

1959年秋天，母亲情牵身处逆境的女儿，不顾大家的劝阻，孤身一人搭乘西行列车去酒泉边湾农场探望女儿。1960年年底，自然灾害造成河西各地饿殍遍野，母亲携带干粮，在混乱的难民潮中再次挤上西行火车，去看望绝境中的女儿。在兰州，风传河西各地数以万计的饥民已纷纷逃往新疆，留在家里的父亲和弟弟、妹妹担心母亲和天长随大批饥民逃往新疆，只恐凶多吉少。丁家坝农场领导担心母亲死在农场"影响不好"，遂准许天长送母回兰后立即返回农场。当时正是难民潮高峰时期，母女二人在酒泉车站滞留三天三夜之后在好心的站长帮助下终于挤上东行列车，得以平安返回兰州。一年后，父亲有诗记当时心境：

梦里人归忆去年，窗前明月共团圆；破涕为笑全家乐，儿女围炉话酒泉。

六十年代初，中共中央调整了政策，国内形势趋于缓和。在甘肃，中共中央西北局兰州会议后，张仲良被免去省委书记职务，汪锋接替张仲良出任省委书记，到任不久即派人来看望父亲并送来当时极为稀缺的食品。随后父亲被摘去"右派帽子"。

早在"反右"运动之后不久，时任甘肃省长的邓宝珊先生，在中南海丰泽园向毛泽东主席当面陈述将水梓划为"右派"分子之不妥。但那时"反右派"的"成果"已成定局。一九六一年夏天，担任中国佛教协会会长的喜饶嘉措受中央委托，去青海、甘南牧区调处民族纠纷。途径兰州时，与邓宝珊省长一道来看望父亲，随后由喜饶嘉措向省委书记汪锋提出希望解决水梓"右派"问题。他的意见得到汪锋的采纳，不久《甘肃日报》就刊登出为水梓等一批"右派"分子摘帽的消息。与此同时，小弟水天行受父亲"右派"问题牵连而失学的问题，也在喜饶嘉措的关说下得以解决，因原先就读的天水铁路专科学校停办，遂转入兰州铁道学院学习。

六十年代初期的几年里，几个子女都离开了煦园，外界很少有人来看望父母亲，只有张香冰等人时常来家探望。张香冰名作谋，民国初年毕业于兰州一中，为人正直坦荡，是父亲的得意门生，三十年代担任兰州一中校长，五十年代也赋闲在家。他来看望父亲时，常携酒而来。但那时父亲已戒酒，这位满头白发的学生便自斟自饮，侃侃而谈，使父亲心情为之一振。此外，关心西北戏曲历史的省文联干部徐慧夫也曾多次造访，请父亲谈清末甘肃梨园往事，后由徐惠夫整理成文，以《清末陇上秦剧杂忆》为题发表。

这一阶段父亲患病时行动不便，只能请医生到家诊治。但父亲"大右派"的身份，使许多医生望而却步。只有柯与参不畏人言，有求必应。柯与参是甘肃著名中医，也是国学素养深厚的学者，曾任甘肃省国医馆馆长，我们全家大小没有一个人不曾接受过他的治疗，大家习惯以"柯馆长"称呼。柯馆长在新中国成立后担任省卫生厅副厅长，工作繁忙，而其温和厚道始终不渝。

父亲一生养成的写诗作文记日记习惯，在当时已经成为极具风险的事情，他只能以读书消磨时日。除了《日知录》《资治通鉴》《法苑珠林》和他所偏爱的杜诗，鲁迅的杂文单行本也摆在枕边、案头，父母亲一边读，一边评论书里的人和事。而母亲的阅读范围更广，除了一读再读的《红楼梦》《清史纪事本末》《聊斋志异》之外，沈从文的小说、《简爱》《呼啸山庄》等也是常在她手边的读物。

1963 年夏天，分散在各地的子女齐集兰州，庆贺父亲八十寿辰。虽然 1957 至 1958 年的"政治风浪"平息不久，但全家老幼平安。一家三代在兰州大众市场人民餐厅聚餐后到照相馆合影，父亲一直把这张照片摆在他书桌上，这次聚会成为父亲晚年少有的几件使他感到欢慰的事。

是年夏，张香冰先生以《寿煦园老人八秩诞辰诗二首》和《沁园春》为贺：

闰夏方长玉树深，煦园风暖足鸣禽；湘签万卷三余业，翠竹千竿一曲琴。

不独烟云资供养，且饶声籁涤烦尘；春生杖履人难老，为祝期颐酒满斟。

水仙笺写水仙诗，漫把水仙比我师；冰魄叠咏山谷句，海筹添画孟坚枝。

江湖载酒同陶雅，慧业生天并佛宜；翻念大千多幻象，会如莲发火中时。

《沁园春 · 祝煦园老人八旬寿诞》：

闰交薰琴，奏向申公，为祝遐龄。看满园桃李，欣霑手泽；寥天日月，妙悟心经。望重诗坛，默存禅榻，出水芙蓉证性灵。形骸外，有黄花郁郁，翠竹青青。昔年绛帐题名，又仰止龙门价猥增。只上巳风雩，喟然与点；后堂传易，莞尔期彭。今长胶庠，拔超泥海，每念前尘感慨并。华宴上，借玉壶春酒，共话升平。

1949 年以后，继水恒进（安安）之后，水宁宁、水小重、水恒湧、水潞、薛桁等孙儿孙女陆续出生，这些孙辈虽没有与他们的祖父母一起生活，但煦园的楼台松竹成为他们童年记忆中难以忘怀的部分。

（十五）"十年浩劫"

1962 年为总结经验，纠正前几年工作中的错误，中国共产党中央召开了"七千人大会"。会后各地党委也召集贯彻了中央精神的会议，动员与会者畅所欲言，"不打棍子，不揪辫子，不戴帽子"。父亲应邀出席会议并发言，他虽然经历了"反右派"的打击，但仍以他一贯的直率和风趣谈了他对党的工作中"左"与"右"的看法，表示他既不想当"右派"，也不愿当"左派"，而是要跟正确的路线往前走。1963 年，新的"政治风暴"又出现在地平线上。中共甘肃省委统战部在政协和各民主党派开展"社会主义教育运动"（后改称"四清运动"），原来的"右派"和"统战人士"再次成为批判斗争的目标。省委书记王世泰在干部大会上严厉批判了父亲在"反右派"以后的表现、言论，专门提到父亲一年前在座谈会上的发言，如说历史上有王右军，可没有王左军；古书上有"右传之一章"可没有"左传之一章"；人有左手也有右手，左手并不就比右手好；还说他不愿当"右派"，但也绝不当"左派"……这些亦庄亦谐的话，被看作坚持"右派"立场的罪证。新一届政协改选，父亲不再担任政协委员，由甘肃省政协"学习会"管理，每天参加政治学习，工资由"反右"后的 140 元再减为 80 元。

从"反右""大跃进"和"肃毒"中走出不久的父母，对前景不再有任何幻想，他们开始处理家里的文书材料。首先使家人担心的是父亲的日记，父亲从青年时期开始就不间断地每天记写，小书橱里堆满了父亲的日记本。从"社教"运动中得出教训，这些文字将有无穷麻烦。尤其让大家担心的是日记所写来访亲友的言谈，例如水天光之夫张学军从哲学角度谈中国和世界问题，父亲将每次谈话都记入日记。可想而知，在即将来临的"政治运动"中，这会造成什么后果。为此，父亲开始重写三四年间的日记。并将历年留存的书信、照片和各类文书

图 4-13　兰州花马池荒漠

材料陆续销毁。

"无产阶级文化大革命"开始后，兰州一中红卫兵先到家里，在所有箱箱柜柜上全都贴上封条。几天后他们来抄家，时在 1966 年的 8 月间。红卫兵对父母亲还算客气，没有动手殴打，也没有恶语相加，他们命令父母亲坐在廊下的长椅上，然后开始查抄。据红卫兵讲，抄家名单是由兰州市公安局提出的，水梓列在名单之首。红卫兵将家里的东西掠夺一空后大发牢骚："你们还算是兰州第一家！除了书什么也没有！"红卫兵一整天往卡车上搬运图书，从早到晚未得停息。他们还把姐夫薛凌凤的衣服杂物也劫掠而去，一直不予归还。

在兰州一中红卫兵造反行动开始后，甘肃省政协和"民革"（国民党革命委员会）的"革命造反派"不甘落后，也来查抄。政协的中老年干部比兰州一中红卫兵的素质要低劣得多，他们出言不逊，动手推打，一派绿林习气。他们说父亲在煦园超然楼（父亲的书房）架设电台，每天向台湾发电报……于是挖开地板，扯下顶棚，搜寻"电台"。挂在墙上的列宁像也被扯下来踩在脚下，那是父亲的友人马鹤天访苏归来所赠，六十年代以后才挂在墙上。这些干部们打砸抢时，时年五岁的水恒涌刚刚睡醒，看见他们动手推打爷爷，以为是电影中的土匪来了，大声喊叫："坏蛋！你们打爷爷！"抄家的干部们恼羞成怒，转而追究天浩"教坏了小孩"的责任。

在政协，父亲受到又一轮批斗，被勒令挂上标明"反动"身份的布条，每天去政协报到，检查交代自己的问题。1966 年秋天，父亲在三爱堂上公共汽车，被车上的"革命群众"轰下车来，因为他们看到父亲胸前挂的那个布条——"反党反社会主义的右派分子"，"五类分子"没有资格坐人民的公共汽车！从此以后，他只好经宣家巷、庆阳路，步行去省政协。经历过"反右"和"肃毒"运动之后，父母亲已经见怪不怪了。当时相互接近的只有裴建准、黄正清等老先生，他们一起接受监督劳动。

在经过几次彻底的抄家之后，读书看报已经成为一种幻想，堂姐水天竞的孩子杨润霖为两位老人装配了一个半导体收音机，父母亲每天早晚按时收听中央人民广播电台的新闻节目，盼望毛主席发出一个较为缓和、宽容的"最高指示"，这种期盼理所当然地永远落空。而母亲对毛主席发动的红卫兵"大串联"表示赞叹，她觉得那是让年轻人大开眼界的好机会。

1967 年秋天，父亲因病不能按时去政协报到接受批判。水天行去政协为父亲请假，政协革命领导小组负责人何镇伯斥责父亲"反动之极"，要求有"指定医院"的医生证明才准假。父亲只好去"指定医院"求医，幸好遇到中医大夫侯广仁先生，他毫不迟疑地开出患病休假证明。侯广仁字静山，是一位博学多才的文人，1949 年前后在陇右中学任教，是水天中的语文和数学老师。

史无前例的"政治运动"波及全家每一个人。

水天同在北京外语学院一直在关押、劳动、打扫厕所、编《汉英词典》、翻译《拿破仑传》之间来回折腾，中间一度被送往湖北沙洋七里湖农场劳动。大嫂高友梅虽在"文革"前正式取得中国国籍，但仍然未能免除迫害侮辱，在革命狂潮中突发心脏病，不得医治离世。

水天明在兰州大学被划为"反革命修正主义分子"，饱尝学校红卫兵的"文斗"和"武斗"。

水天浩在陕西省邮电学校、邮电器材厂受政治审查，并被下放到扶风县劳动、参加"斗批改"。

水天长在西北师范大学历史系被打为"牛鬼蛇神"。历史系教职员不到40 人，"牛鬼蛇神"将近 30 人。在监督劳动中，她几次工伤，几乎致残。

水天中在平凉二中，运动一开始就成为批判重点，被工作组划为"三类半"人物。

处境最险恶的是水天达，运动一开始，他就被中共平凉地委工作组定为平凉地区文化系统的"斗争"重点，在大会上受批斗，被称为"反动艺术权威"，在文工团领导和地委工作组的策动下，几个同事给他编造了许多无中生有而足以致人于死地的罪名。在死亡和侮辱之间他选择了死亡，而"自杀未遂"的结果是以"对抗无产阶级文化大革命""自绝于人民自绝于党"的新罪名，受到加更蛮横无情的批斗，他在死亡和囚禁之中度过了 1966 年。到"清理阶级队伍"开始后，原先编造过他罪状的一位女演员，在革委会动员之下又一次表演了揭发水天达"反党言行"的革命动作，于是水天达再次被关押、批斗。

在"红卫兵运动"浪头过去之后，兰州颜家沟街道办事处的干部于 1968 年秋天勒令父母亲搬出煦园。街道办事处的干部进门宣布他们的决定，要在父母亲住的地方办街道粮店，要两位老人立即离开。刚回家探亲的妹妹水天光赶紧整理父母亲的几件衣服，带上街道办事处干部准许携带的被褥、锅碗，伴随父母亲到指定的住处——养园巷九号院西屋住宿。随后街道办事处找来几个受管制的"五类分子"（其中有兰州师范附小的老教师朱淦），把床铺桌凳搬到养园巷九号院。

养园巷九号院是一个不大的院子，属于兰州市区条件最差的居民房屋，没有自来水，没有厕所，房屋阴暗。院里原有五家住户，有教师、司机、木工和居民。好在他们都是忠厚质朴的人家，父母亲在这里没有受到任何鄙视或欺压。老住户苏爷坦荡热情，早年以说书为业；彬彬有礼的祁爷原是教师，退休后行医；梁师傅是从东北来支援西北建设的技工；陈师傅是卡车司机，他的侄女小兰是浙江山区的姑娘……在他们身上仍然可以感受到扶危济困的品性，使父母亲感受到人情的温暖。困难在于许多具体的生活条件，例如母亲要照顾父亲的起居饮食，还要上街买菜；两位老人要走出院门，到街道边上一个狭窄污浊、只有四堵短墙的土坑边大小便。

1969 年，中共中央发出战备疏散通知，甘肃省委统战部要父亲迁往榆中县农村。父亲以年老多病，榆中县没有亲属为由，希望留居兰州。经省委有关部门研究后批准父母亲继续在兰州居住。

从"反右派"运动开始，特别是 1964 年以后，父亲完全被孤立。生来性情开朗热情，喜欢活动交友，能言善辩，在任何场合都无所顾忌地表达自己见解的他，被迫改变了自己的思想方式和行为方式。在一言一行必受批驳的环境中，他只能整天不言不语地在阴暗的屋里独坐。1970 年以后，父亲的健康状况明显下降，又得不到适当的治疗。当时子女散处各地，全靠母亲陪伴照料。1973 年元月间，父亲时有神志不清症状，春节前忽然好转，到除夕夜间，他一夜没有睡好，常常向窗外张望，几次问现在几点了？还告诉母亲他想回家。母亲说"你是睡糊涂了，这不就在家里吗？"父亲说："回新关的家"——那是他出生的地方。

癸丑年正月，父母亲在养园巷过春节，父亲感到疲乏，一直在床上坐卧。正月初二吃午饭间父亲突然呛咳，心跳和呼吸骤然停止，九十高龄的父亲溘然离世。时为 1973 年 2 月 4 日（阴历癸丑正月初二）午前 11 时。

父亲去世后面容安详，他舒展地仰卧在单人床上，母亲给她穿上深青色长袍，身边是他的眼镜和手杖，枕头下垫放着大包茶叶。早在十多年前，父亲就为自己做好了一副棺木，一直放在煦园南边的一座堆放木柴杂物的小屋里，"大跃进"和"无产阶级文化大革命"中，侥幸未遭损坏。姐夫薛凌凤和邻居的年轻人把沉重的棺木抬来，天明写了一篇既表达我们的心情，又无碍时政的祭文，母亲率子女亲眷，在养院巷住处为父亲举行了简单的家祭，遗体安葬于兰州西郊黄峪沟祖茔。

五

工作实录：

同学感言—家族故事—作品现场

（一）同学感言

此次参加王林老师的工作营，起初不知道具体是干什么的，只是被那个"何为江湖？何为民间？"的题目吸引，才报名参加的。没想到一场活动下来竟是这样完整而又多有收获。也正是凭借这次工作营的参与，让我开始关注自己的家庭。

开营第一天，可以说我是一头雾水，听王老师讲了讲他家的故事，忽然觉得自己似乎有些体会，之后王林老师布置了收集自己家族老照片和历史族谱等任务，接下来就是两天的忙碌。第二天，我专门回了趟家，问了问爷爷。果然，爷爷拿出来许多老照片，同时，他也给我讲了许多关于家族的历史故事。原来，看似平淡普通的家也有那样辉煌的过去，家中的故事也是那样的复杂而丰富，结合着老照片是那样的鲜活。忽然想到原来看过的《大宅门》《乔家大院》等描绘家族兴衰的影视作品，当时觉得非常精彩。现在想想原来自己也有一个大家族，也有那样精彩的故事，顿时对自己的家庭充满了兴趣与好奇。

随着照片的不断整理，勾起了我儿时的美好回忆，也勾起了父母儿时的回忆，爷爷奶奶儿时的回忆，乃至整个家族的回忆，是那样的难忘、幸福、怀念不已。不得不说，家对每一个人的成长至关重要。家族的气息就如同花盆中的泥土，直接决定着一个人的成长。以前的我们可能更多地在忙于工作和学习，我们干劲十足地去闯荡，都因为有家的支持和保护。但似乎我们从未去关注自己的家庭，关注已经渐渐老去的父母及其他家人，更少关注自己家族的历史，这的确是我们90后这一代的缺失。我们今天的一切都有家族历史的影响，只是他们太悄无声息了。那种潜移默化的影响是如此自然合理而不被察觉。我们每一个人除了继承家族血脉外，更重要的是继承了家族的精神与气质，那是家族的灵魂。不需要图腾，足以传世。那是我们每个人与生俱来的资源与财富，那就是真正的传承。

每每看到那些老照片，我不禁感动不已，想想年老的爷爷奶奶，他们也曾年轻帅气貌美。而有一天我也终将老去，有这些老照片的记录真好。我突然觉得能看到祖先的照片是一件多么幸运而又幸福的事，看着一张张沉默的黑白照，我的心难以平静，那个年月家人对生活的记录和追求美好的情怀让我感慨不已。

短短几天，与其说是王林老师和陈启基老师给我们上课，倒不如说是我们每个人都从自家老照片和老故事那里上了一课，而这一课竟是这样的及时、重要与必要。我们中华民族历来尊重历史，不忘历史，而就我们个人而言更应该了解自己家庭的历史，追本溯源才能厚积薄发。很难想象一个没有历史的人将来会有多么长远的发展，最起码成长的过程会充满艰辛。这足以说明家族之于个人之重要。

活动第四天，我们每个人都为自己的家布展（图 5-1、图 5-2）。看着自己贴满墙面的家庭旧照，我突然间觉得自己家族之大，大到我如此安心、自豪而又有些许压力。感叹家族至我时已无当年辉煌，但无论怎样，我的家庭也给了我强大的动力与信心。虽然眼前的路并不清晰，但我已拥有来自家族的勇气与担当去迈步前进。

就在这短暂的五天，我似乎踏实了许多，就像盖楼时水泥填充钢筋的那一瞬间，我顿时有了底气，这或许就是家带给我的力量。

我此次活动的展览作品名称叫"家迹"，虽然只是展示了部分照片，但这足以说明问题。家的足迹就是那样的点点滴滴，联系起来又是如此的千丝万缕。我在不断地成长，我的家也在不停地前进，足迹也越来越多。我们就像是在传

图 5-1 《第一种民间记忆》展览准备工作现场之一

图 5-2 《第一种民间记忆》展览准备工作现场之二

递火炬一样将家族的精神和记忆不断地丰富与传承。也许有一天，我也会对我的子女讲起我父母的往事，继续传承家族不灭的史迹。

——王宇瑶（2014 级 美术教育系 水彩专业）

在中国人的传统观念中，家国的概念是最重的。对于国，人人要有天下兴亡、匹夫有责的责任感。对于家，要有百善孝为先的行为标准。国是由无数个家组成的，家便是小国，要想学会治国，先要学会治家。在中国人的家庭观念中，一定是以长者为尊，所以中国人重视孝道。子女要听从父母、孝敬父母，父母去世后每年要有仪式来纪念父母。这样一代代传承下来，就形成了具有同一血缘关系的族群，也就形成了对先辈纪念的民间宗教祭祀，对前人历史记录的家族族谱。族谱是一个家族历史的记载。中国人讲究"寻根"，一个文化有一个文化的根源，一个人有一个人的根源，他从哪里产生，死亡就要回到产生之地。族谱就是这种根源的记录者。不论是饥荒还是战乱，只要族谱还在，那么一个人的根就能寻找得到，家族的记忆就还在延续。中国人家谱经过几千年的发展，成为一种种类繁多、内容丰富、记事详备的独特史料。它从家族史的角度来阐释、反映、印证中华民族的历史进程，对我们今天弘扬民族文化，热爱祖国，增强民族凝聚力，都起了很大的作用。家谱是家族史，是家族的史料汇编，是史的一种，属于历史学范围，这已成定论。但作为一种特殊史料，家谱有与正史、方志等其他史料迥然不同的特征，这些特征也就构成了家谱特有的属性。修谱还被视为重新树立家族观和道德规范的途径。在家族概念淡化的今天，与家族相连的很多观念、行为规范也发生变化。家谱中的家训，在教化族人孝敬、和睦、祭祀、亲情、乡情方面有着不可替代的潜移默化作用。家谱维系的不仅是一个家族，更是一个民族。在中国，一个家族的迁徙传播过程被生动地形容为"开枝散叶"。叶落总要归根，在游子的眼中，家谱就是根的象征。

在当今社会，由于独生子女政策的推行，改革开放、经济全球化的冲击下，人们的生活节奏越来越快，传统的东西正在渐渐被人们遗忘。家谱这种民间的历史记录文献正在慢慢从人们的记忆中消失，人们只能从历史小说或影视作品中感受到族谱独特的历史文化和民俗传统。但这只是从娱乐角度让人感受一种传统文化的自豪感，没有人愿意去深思这种民间记忆的存在现状、未来发展及自己姓氏的家族族谱是否存在。但当我们有一天从嘈杂烦恼的现代生活中静下来思考人生时，尤其是我们的年龄越发的增长，人生经历越来越丰富，我们就会发现中国人重视的"根"文化在我们中却寻找不到，只有一种模模糊糊的印象在我们脑海中存在。我们对于家族的起源、发展、字辈、血缘分支、家庭传记一无所知。一个没有历史传承的国家，也就没有未来。同样，一个对家族历史没有了解的人，其未来也不会有多么成功。未来一定是在对传统继承上的创新，无论是个人、国家还是科技、文化。小小的家谱可以隐含着社会学、历史学、考古学、经济学、民俗学、人口学、民族学、文学、政治学、宗教学、法学、姓氏学等人们想不到的遗产。

通过这短短几天工作营的学习，我深深地感受到了由于历史的原因，本族姓氏家谱失传所带来的对于缺少"根"的存在失落感，只能通过在网上查找自己姓氏的起源来小小地弥补这种失落的情绪。但这并不能治本，所以通过几天的体会，我深刻地体会到了一本家谱对于寻根的重要性。就如同自己从未去过爷爷的出生地，但当第一次去祭拜他老人家，来到他的出生地时，在那里考察了解，与乡里人交谈那种自豪与亲切感是说不出为什么的。所以希望自己在短短的研究生三年时光里来重新复原一本家族家谱，将一些传统流失的东西尽量补足，同时将当下的新鲜事物加入进去。因为过去的家谱毕竟是封建时代的产物，必定有些不合乎现代社会的事物存在。一部当代的家谱应该顺应现代社会的发展，也要具备传统家谱的"敦宗睦族""凝聚血亲"的功能作用。家谱是一个家族的发展史，是一个人对于自己家族精神寄托的产物。"树高千丈，叶落归根"，家谱作为一个家族血缘关系的总记录，在当今社会应该让我们得以重视并抢救出来。

——袁磊（2014 级 美术教育系 油画专业）

图 5-3 "何为江湖? 何为民间? "教学工作营上课现场

2014 年第四届艺术季研究生学术月活动在西安美术学院成功举办。本届研究生学术月活动设置了 Master 艺术工作营、特别单元、现场个案三大板块,从 11 月 10 日持续到 30 日(图 5-3)。学院邀请了多位名师,如武艺、王林、倪克鲁、朱青生、索金、舒阳、王檬檬、侯拙吾等在不同领域颇具影响力的艺术家、学者。笔者有幸参加了四川美术学院教授王林老师的工作营,收获颇丰。

王林老师擅长美术评论,是自 1985 年以来中国美术界颇为活跃、颇有影响力的美术批评家,出版有《美术形态学》《普通美术学》《艺术教育学》《当代中国的美术状态》《都市人格与当代艺术》等(图 5-4)。王林老师邀请了著名艺术家陈启基参与工作营,将最直接的视觉艺术带到我们面前。工作营期间,王林老师给我们讲述了"何为江湖? 何为民间? "以及何为家谱、家谱该如何编修等内容,陈启基先生将他之前所做的展览成果以及收集资料过程展现在我们面前。陈启基先生带来了他的《中国家庭》艺术,它以新老图片的形式讲述了陈启基先生身边二十多个朋友的家庭史。他利用了中国民间传统的这种方式,把亲朋好友的照片装入镜框挂在墙壁,将他采集到的每一个家庭的照片制成奖状的形式,重新编辑成图像的、视觉的家谱。他试图用这样的行为来重新唤醒人们对传统"中国之家"的文化记忆,同时也流露出自己对传统"中国

图 5-4
"何为江湖? 何为民间? "
教学工作营导师王林上课材料

之家"衰败的伤感。他利用了老照片这种现成品的方式给予了我们一定的启发。

其实，民间就是由一个又一个家庭组成的，而家庭又是由一个又一个人组成的，所以民间的核心就是人。我们想要了解民间就必须从一个又一个人、一个又一个家庭出发，去了解一个家庭的家谱、历史、故事等。

——杨玚（2014 级 美术史论系 艺术教育与管理专业）

民间文化的继承发展，此话常谈，未见常新。

民间，创造的是一个民族的个性。民间文化是根，我们继承其思维与精神。

所谓同根同源，也就是指由内在的一脉相承所造就的多样形式具有相同的根源。寻找这个根源，思考这个根源，审视、界定甚至清洗这个根源，都是让它重新焕发生机的途径。民间文化的生命力由此而来。

而我们今天常说的继承发扬民间文化，从未打破形式的照搬和解读的粗浅。

如此造车，何以合辙？

中国民间艺术并不根植于自然科学，从未在意是否能够逼真地描摹自然，也不太乐于叙事、记录，更少有功利性目的。它的每一种造型都在"表意"。

经历了千万年历史的积淀和历代文明洗礼所形成的中国民间文化，或许就是这样一种"表意"的文化。

在宏观万物中审视自身，在模糊混沌中界定方位，在复杂人际中寻找品格，除去我们常说的种种美德，中国精神似乎一定包含了某种"只可意会不可言传"的智慧。

虽不可言传，却并非不可得。那些最终留传下来的文字、图案、工艺，不仅仅承载了形式，更传递着历史变迁中流淌在血脉里不变的品性。

只有乐于探求事物因果的人，才能发现隐藏于形式之下的故事，隐藏于故事之中的情感，隐藏于情感之中的思考，隐藏于思考之中的精神。

这种探求，我们今天常用的是另一个词——怀疑。

可是无人怀疑，所有人都信誓旦旦，精神亢奋，勇往直前，大步不停。我害怕这样的人，他们总是不停摧残着英雄主义的乐观。我也同情这样的人，生而为人的乐趣无从谈起，也不会感到惭愧。

制度和个人在一个怪圈中恶性循环，重建什么的誓言就如同痴人说梦。

或许梦就喜欢那些奋不顾身的痴人。

——张婧璇（2014级 设计系 视觉传达专业）

以前对民间艺术史的理解不深，尤其是对族谱的了解不深，对家庭老照片在家族史、民间艺术史中的作用理解不够。通过在王林老师与陈启基老师"何为江湖？何为民间？"导师工作坊的学习，王林老师深刻阐释艺术在民间，民间记忆是历史真实的见证，民间立场是当代艺术的底线之一，民间公民社会的建设事关中华文化的未来，对我启发深刻。

王林老师又揭示了第一种民间记忆从个人开始、从家庭开始、从父母之恩与宗土之情开始——没有民间的当代艺术，就没有文化只有垃圾。

通过以上王林老师的讲解，我明白了族谱在民间的重要性，感受了王林老师的深邃思想，以后会更加关注、了解家庭、关注民间，并会按照王林老师讲解修族谱的基本流程和方法去实践。

艺术家陈启基老师将其采集到的每一个家庭的照片制成奖状的形式，重新编辑成一本本图像的、视觉的家谱，他的这个作品应该算得上一个精彩的案例。他的工作为我们提供了近几十年来中国家庭完整的图像记忆。陈启基老师试图用这样的行为来重新唤醒人们对传统"中国之家"的文化记忆，同时也流露出自己对传统"中国之家"衰败的伤感。利用了老照片这种现成品的方式来讲述一个个"中国之家"的生老病死、悲欢离合（图5-5）。

中国民间传统是把亲朋好友的照片装入镜框挂在墙壁上，在这些影像中，我们最先看到的是"中国之家"早年的合影，人与人之间不喜欢挨得很近，包括夫妻都很松散，而且每个人都显得那么中规中矩。接下来在五十年代的合影中，每个人的表情都呈现出高度的同一性。而在六七十年代的合影中，人物则

图5-5　"何为江湖？何为民间？"教学工作营特邀嘉宾陈启基先生在展场与学生交流

有些虚拟的革命化、仪式化的动作，很像是道具。到了八九十年代，休闲、旅游的图像多了，合影更多地带有一种摆拍的痕迹和浮夸的欢乐。我还注意到，在六七十年代的一些老照片中，黑白照片被涂上了彩色，是不是因为彩色照片在当时是一种高品质、美好生活追求的象征呢？在黑白照片上涂色，可能意味着那个物质匮乏的时代另外一种关于理想"中国之家"的想象。

——辛国炜（2014级 影视动画系 摄影专业）

王林老师是我敬重的学者，知道学术月的活动中王老师要来的确是兴奋了一阵。当见到王老师工作营的课题"何为民间？何为江湖？"心中不免有一丝疑虑，一个看起来我们都置身于其中的民间，一个我们也许有交集的江湖，仔细想来竟不知其为何物。怀着期待与疑虑开始了5天的课程。

第一天王老师并没正面回答这个问题，只是请同来的陈启基先生对其带来的《中国家庭》进行了陈述。每个家庭背后的故事渐渐浮出水面，慢慢地在这些家庭背后有了一张无形的网，千丝万缕地把这些家庭联系了起来。一代人的经历如此相似，是那个年代的战争频繁或是一场场"政治运动"……让人思索再三，不胜唏嘘。

随后我们组员有了作业，整理自己的家庭脉络，找寻家族留下的故事，用两天的时间做一个小型的展览。开展后，参观的观众有了各种的回馈，有人怀念过去家族的荣光，有人对自己家族的过去充满了向往。如此种种，凡让观者有所思、有所得，想来也是成功了。

最后一天王先生开始了"何为江湖？何为民间？"的演讲，开题之后娓娓道来，民间如何形成其得以延续的精神性因素。从中国人的宗土信仰的三点：一，价值归属，从皇帝、官僚到市民；二，诚信机制，列祖列宗与家乡父老；三，崇拜对象，天地君亲师。其具体的器物代表就是牌坊，位列九卿要建，中举须修，孝节之人更是必要。在过去一个相对封闭的时代中，牌坊也算是彰名显贵的重要手段，更是传统社会中诚信机制的重要保证。今天传统诚信体质的崩溃，使得宗土约束消失，没了牌坊也不再需要牌坊。那么取代的应该是西方承认个人选择优先权的现代社会到来，这是否是民间新的价值体现还值得商榷。继而老师讨论了民间的自发性及经过种种变化之后民间自发性的延续。中国的民间从来都是管理自治的，官吏两分及吏不入乡的传统即是体现，民俗的自发、教育的自主，从孔子的弟子三千到民间书院莫不体现了民间之自发，观其自我约束、自我管理能力之强大。而江湖为何，与庙堂相对的江湖，与当朝相对的江湖，江湖的最大问题是江湖利益化与异化。

对今天而言，民间重建与文化复兴不外是宗法制度的现代化，诚信机制与道德底线的重建以及文化的再生。试想天地君亲师在今天已不适用，君为何物早归尘土。其实将"君"变为"国"，此问题即可解，天地当敬，君早不存，但国亦需爱啊。双亲不奉何言及他人，师意味着传承不可不尊，天地国亲师顺理而出。文化的再生则有赖于信仰的重建及大学的自治。

民间与江湖的重构即是对过去文化的延续，又是对文化传统的创造，传统是活的，传统是与生活之中的传统，而不是官方意识形态的表现及演绎。

听先生言毕，对课题"何为民间？何为江湖？"有了一点认识。对于家族的梳理不过是从每个家庭出发，去找寻民间文化的原点和重构民间的发端。

——张蔚然（2014 级 国画系 花鸟画专业）

怀着激动万分的心情终于迎来了王林老师和陈启基老师为指导的"何为江

湖？何为民间？"工作营，在学校组织报工作营的时候就被这个题目给深深地吸引了。江湖，总会让人联想到刀光剑影的武侠小说，那当代的江湖又是什么呢？江湖其实就是人居住的地方，我理解的江湖就是我们的社会生活环境。我们生活中常用的一句俗语就是"人在江湖飘，哪能不挨刀"。其实这个江湖就指的是社会。还有一句是"出来混总是要还的"，这个"混"就是在社会上生活，也就是在江湖上"混"。那么民间呢？民间就是指落后的小山村么？当然不是。民间是指由社会底层的劳动人民创造的，古往今来就存在于民间传统中的自发的民众通俗文化。江湖、民间又与美术有什么关系？我们这次所要讨论的主题又是什么？

在开课的前半个月老师就让我们搜集老照片和家谱资料，以老照片和家谱为主题内容来探讨一下"何为江湖？何为民间？"有了目标以后，大家就各自回家找资料。其实家中的老照片很少，并且还有一部分已经遗失了，甚至有不少同学说家谱被人买走了，并且没留下备份。有的家谱是可以追溯到明清甚至更远，家谱是多么珍贵的资料啊，家谱其实就是我们一代又一代的传家宝。这才察觉到我们平时对自家的文化有多么的不重视，对民间文化保护意识严重缺乏。现在只能对搜集来的少有资料进行整理，了解家族史。

在上课时，王老师带着自己整理的资料和家谱以及陈老师的作品集，和我们共同探讨了这一课题。王老师上课特别的幽默风趣，陈老师也特别的友好谦虚，课堂气氛特别活跃，仿佛就是一场聚会，大家畅所欲言。在结课前一天，我们的展览《第一种民间记忆》开幕，民间记忆是历史真实的见证。

家对中国人来说特别有意义。古人云："古之欲明明德于天下者，先治其国；欲治其国者，先齐其家 ； 欲齐其家者，先修其身；欲修其身者，先正其心；欲正其心者，先诚其意；欲诚其意者，先致其知；致知在格物。物格而后知至；知至而后意诚；意诚而后心正；心正而后身修；身修而后家齐；家齐而后国治；国治而后天下平。"可见没有家就没有国，国就是由一个一个家这样的小单元组合而成的。那我们的家谱以及搜索的其他资料就一定是真实的么？我们只能说它趋向于真实，是特别值得我们去研究的。

通过这次课题的研讨，我学到了很多东西，从多元的视角看待问题。在这期间深深地被王老师和陈老师的个人魅力所打动，也在此谢谢这次工作的负责人高敏、薛敬亚同学。

——赵洁（2014 级 油画系 油画专业）

11 月 9 日至 14 日，我跟随王林、陈启基老师和同学们参加了西安美术学院研究生学术月"何为江湖？何为民间？"导师工作营活动。这次活动主要是针对民间记忆进行的学术讨论，并通过家谱调查、家庭故事和老照片等作品形式展现出来。

此次活动使我对民间和江湖的概念有了更深的理解。通过王林老师幽默、详细的讲解以及陈启基老师作品所作出的阐释，我理解了民间记忆作为一种历史的真实对于当下艺术以及艺术工作者的重要性。

这次活动也加深了我与同学们的沟通与了解，增进了我们之间的友谊。在薛敬亚和高敏同学的积极组织下，同学们团结一致，相互帮助，克服困难，最终使工作营的各项活动得以顺利进行。

在老师和同学们的共同努力下，我们艺术工作营的师生作品成果展览终于顺利开幕。相信这次展览将会为提高广大师生对于民间和江湖更深一层的理解起到积极的作用。

——孟乡（2014 级 油画系 油画专业）

在我看来，这个课程开展的目的不是为了让我们在此领域提出多么新颖的观点，而是为了赋予我们一个一直被提醒但总是被忽略的视角——思考的回望。

我们每个人在翻开自己家谱时或多或少地都会有一种荣誉感。在某种层面上来说，家族史等同于辉煌史。如果你足够有心，不停地去回溯自家的历史，你甚至能找到一些你儿时就耳熟能详的大人物。这些人物在家谱上会记录得很详细，除了包括出生和终年日期外，还会有他们对当时社会所作出的卓越贡献。

光从这点意义上讲，族谱编撰是为了激励后人的。那么问题就来了，如果每个人的家族史都是一部波澜壮阔的赞歌的话，那历史上记载的那些个大奸大恶之辈都去哪儿了呢？当然，或许在某些族谱上可以看到少数不光彩的过去，但其目的也是为了警惕后辈能有前车之鉴，好好做人。大多数的历史污点则是文过饰非，一笔带过。或者干脆给那些行为不端的祖宗们留个空白，直接不予记录。原因是被开除宗籍了。这事在宗族律法阶级森严的古时候可是件大事，得由当时族内德高望重的长辈们一同开会才能表决的。而受此惩罚的人多数悲惨，因为那就意味着和所有的亲人彻底划清了界线，成了无源之水，无本之木，众叛亲离了。

由此，能够得出我们看到的家谱或许并非是完整和真实的，中间一定存在纰漏和虚假的部分。而作为后人会不会对此有疑问？答案是肯定的！但大多数时候抱有的是一种漠不关心的态度，我们沉浸在那首赞歌的大背景下自动将不和韵律的节拍过滤掉了。诚然这也是人之常情，如果和别人提起家族史时，灰暗的过去是不适合作为话题的，相反，光辉耀眼的正史就是十分好的谈资了。

我们至今仍在消极的情绪中带着乐观的态度走入时代的新纪元——信息爆炸时代每个人似乎都明白自己在塑造历史。但是这非但没有减轻我们精神上的压力，反而加重了负担。所以我们更要学习如何包容这些庞杂的信息，过滤至我们能够辨别和区分，直到我们能接受的程度。因此对于历史学的研究，我们个人同样也要具备相应的包容心，因为无论个体意识如何强大，也无法抗拒集体的意志。换句话来说：个体区分其结果带来的其实是集体的共性。我在这里这样说并不是表明历史学要失去它的客观性和严肃性。而是说允许它有一定的缺失和纰漏的部分。毕竟社会构成的基础就存在于二元对立的矛盾中，没有了这些历史缺失，人类如何崇高呢？

所以思考回望的态度是针对个人而不是集体的。我们说该如何定位一个人？不是他所处的位置而是他前进的方向。这是集体用来审视个体的方法。而对于想完善自身价值的个体而言，其首要的条件就是清楚自己所处的位置。这样一来，最好的办法就不是放眼前方了，却是回看来路。人在迷茫时回到原点想想总是好的，这样一切复杂的问题将会简单和直接。可是也需时刻警惕，因为迷雾不一定总在前路，或许也模糊了你的身后。作为当代学术研究者来说，虽然无须不自量力地去螳臂当车，阻挡时代巨轮。但是必须保持思维的独立性，拥有判断力！

——蔡啸（2014 级 油画系 油画专业）

此次学术月参加王林老师的工作营受益颇多，写点想法做个总结也是画个小句号吧。"何为民间？何为江湖？"这个课题刚开始我还不清楚其要义，我就是冲着王老师选的这个工作营。在咨询了负责的同学后，才知道要收集旧照片及家庭故事。心里开始有点儿顾忌，怎么是这样的私人空间？对本人来说，提起家庭旧事儿总有一种含混模糊的排斥情绪涌出来，说不清道不明，或者加上一点厌烦。这是不太和睦的大家庭关系造成的吧，大概就是这么回事儿。

想了很久，一个念头蹦了出来，或许这是一个很难得的机会，让我去面对这个不完美的家庭历史和它的记忆。或许味道不会太可口，但总要亲口尝一尝才知道。作为家庭的一员也是辈分最小这一代的老大哥，这其中也有无法回避的责任和义务所在。

随着课程的展开，王林老师以一种很轻松聊天的方式，一步步地将大家引入关于"何为民间？何为江湖？"的课题。王林老师还专门带来了一些东北的特产，分发给大家边吃边聊边讲，这完全出乎大家预料的授课方式，很直接地营造出轻松且亲切的氛围。对于这个课题本身，在这里自己并不想再重复这个过程。其实我也并未把王老师这几天讲的一些问题、一些概念弄得很清楚。但这期间的课题思考以及思考过程的态度和立场的确给我留下深刻印象。于我而言，触动最多的是王老师在授课过程中流露出作为一个学者、批评家的真切思考方式，引导我们去判断、去思考、去面对。这在本科期间的学习中是未曾体会到和关注到的。

在我们准备展览期间，王老师对每一位同学的展览作品都细致入微地加以指导，包括展览作品的形式要尽量活泼，体现个性活力，充分挖掘作品的张力，力求把展览方式和作品内容最融洽地结合起来。甚至有些非常细节的地方，比如画框角落的一点灰尘，都提醒同学要擦干净。这看起来比学生本人更加关注作品展览效果的认真态度，让我吃惊，相信在他组织的大批知名艺术家展览时认真负责的状态也是如此吧。这是一个批评家、一个策展人的工作状态和工作精神。

随同王林老师一起来的艺术家陈启基老师，起初印象是很模糊的。偶然在工作营空无一人的下午，翻开陈老师的作品集，其间各种经历、各个时期作品翔实地呈现在眼前，渐渐勾勒出一个生动的、真实的艺术家形象。"么哥"的名号也就显得自然生动起来。有幸聚餐时和"么哥"坐在一起聊天喝酒，来日方长希望有机会去贵州拜访他。

在研究生学习生活刚开始时，能参加王林老师的工作营，和王老师、陈老师一起聊天探讨学术问题，真是极好的学习经历。相信这段学习经历，会对我的研究生生活带来许多微妙的积极影响。面对建立自己的艺术理论体系以及确立自己的研究方向这两个重要问题，我想两位老师的言传身教已经给了我想要的答案。

任何表面形式语言和路数，其中起实质推动作用的还是其背后个人的思想和观念。看不清表面的五光十色、光怪陆离又能怎样呢？倘若能体会到其深层涌动的源源力量，还有什么需要啰唆和唠叨的，嘴巴已经张不开了。

就写到这里了，最后感谢王林老师和陈启基老师的精彩授课。

——万令鑫（2014 级 美教系 油画专业）

五天的时光转瞬即逝，非常怀念和王林、陈启基老师相处的这五天，虽然很短暂，却印象深刻（图5-6）。

图 5-6 "何为江湖? 何为民间?"教学工作营导师王林先生在课下与学生交流

这次学术月活动之所以选择王林、陈启基老师的工作坊，是出于对这个主题的好奇与兴趣。非常想去了解自己家庭的过去，通过搜集资料照片，以及向家人了解些故事，来寻找那些破碎、正在消逝的历史记忆，也深深体会到过去社会现实中所发生的感慨与感动。

中国拥有悠久的历史和文化，这个课题也唤醒身处在西方文化大量入侵时代的我们，对中国传统历史文化的探索与弘扬，使得我们深入去了解自己以及自己家庭随着时间消逝所发生的变故与变化。

"何为江湖? 何为民间? "通过这次学术月的交流与探讨，我想我渐渐明白了老师定义此主题的初衷。

感谢王林老师! 感想陈启基老师!

——杨光（2014 级 工艺系 装饰设计专业）

"艺术是深刻的感觉，而这种感觉，建立在深深的理解之上。"这句话自王林老师的课程开始之时就给我留下了深刻的印象。记忆与传承在我们每个个体身上体现，艺术家所创造的艺术是感觉而后深刻理解的产物。在王林教授和陈启基先生的带领下，我们走进并不十分久远的历史，家族的传承逐渐清晰。

中国人的宗土信仰来自故土的召唤，在历史的行进中，"天地君亲师"逐渐转化为"天地国亲师"，历史智慧在古老的文化中凝结。

"天地君亲师"五字成为人们长久以来祭拜的对象，充分地表现出中国民众对天地的感恩、对君师的尊重、对长辈的怀念之情。同时也体现出中国民众的敬天法地、孝亲顺长、忠君爱国、尊师重教的价值取向。这几个字正体现出中国民众的终极关怀所在，是传统社会中伦理道德合法性和合理性的依据。由于它深入人心，对民众的物质生活和精神生活各方面都产生了巨大的影响，这也正使得中国人不同于西方人、中国文化不同于西方文化之所在。

"天地君亲师"牌位的起源与儒家思想有着莫大的关系，体现出儒家伦理对其的深刻影响，对君王威严的敬畏，对亲上长寿的祝愿，对教师角色的重视，对天地自然的感激，这都充分体现了儒家思想中"仁""孝"观念。与此同时，官方对"天地君亲师"的极力推崇，说明了"天地君亲师"这一价值系统有利于当时政府对社会的管理，以此从思想上稳定社会秩序。由此观之，这一价值体系对当今社会也有很大的参考借鉴意义。

"民间"这两个字沉甸甸的分量，在整个社会新科技、新事物层出不穷、迅猛发展的今天，显得尤为珍贵。在我们的《第一种民间记忆》的展览正式开始布置之前，王林老师带我们领略了陈启基先生的作品，感受到身为一名艺术家长久以来坚持的难能可贵。

在传达深刻的历史意义背后，是一位艺术家对此深刻的感知，王林老师带领我们去做的这样一次展览，让我们参与其中的每一位同学都认真地体悟到，所谓"江湖"是由"民间"积淀而成，它时常有着一个民族一个时代的烙印。而我们现在正在渐渐地将其遗失，迷失在社会浮华的背景下。或许有一天，在我们物质生活到达巅峰之时回首，却发现精神世界已近荒芜，历史的积淀和那些祖祖辈辈流传下来的文化遗产消失于尘埃中。断了的篇章，再也找寻不回。《第一种民间记忆》感触良多，受益匪浅，感谢王林老师，让我们在还可以找寻得回踪迹的时候清醒，不再迷失。

我们每个人的身上，都肩负着一个家族的传承，在这些历史还没有被遗落的时候，将它拾起，轻柔地掸去它尘封的灰尘，将一个时代与民族的记忆以艺术的形式呈现，唤醒我们身处的"民间"，便是这次展览的灵魂。

——李菲（2014 级 影视动画系 动画专业）

2014 年西安美术学院研究生"艺术季"在 11 月 10 日正式拉开帷幕，为期 20 天，每天都有丰富的学术活动，学生们可以有选择性地去参加自己感兴趣的活动。在一开始看到艺术季课程安排时，就被 Master 工作营中一个名为"何为江湖？何为民间？"的课题所吸引。"江湖""民间"这些词应该只有在中国才会有吧，确切的定义又无法描述，早在开幕前就十分期待导师王林教授的讲解。

工作营在一开始就有了任务，每个学员搜集自家的老照片、家谱和家庭故事，有点莫名其妙，但是却兴趣十足。在看到家人以前的旧照片和听到父母讲述他们小时候故事的时候，突然就很感慨。我看到了最真实的记忆，不光是书本上的，不是修饰后的，而是直白地展现在那些泛黄的老照片上，好像突然间就意识到原来自己是生活在这样一个丰富的家庭中。

家、国、天下，大家经常听到的词语。那国家，这样一个词怎么解释呢？国就是家，家就是国，各种各样的家组成了这样的国。从细微处看到的是发展的积累，不能避免会有震荡，但民间的延续有其自身的规律，总会消解。只要记忆还在，我们就要把这些记忆真实地表现出来。《第一种民间记忆》这个展览就为我们提供了这样的机会，自由的构想，呈现自己的想法，没有刻板的要求，为表达自己而做的展示。所以大家看到的是形式多样的叙述，很多人在参观时会会心一笑，这种照片好像我也有，这个故事好像也曾经发生在我的家庭，父亲与母亲家庭的结合将很多人交织在了一起，为什么我之前没有意识到呢？其实，并不是我们没有意识到，而是我们默认了家庭存在的环境，觉得很正常。

如果你深入地了解一下自己的家庭，也许会发现很多故事，这些是我们最真实的融入历史的感受。

也许这个课程并没有着意去解答"什么是江湖什么是民间"，可是大家都已经有了自己的理解。过去、当下与未来，不能说谁最重要，因为当下即将成为过去，未来正在发生，这些存在于一幅幅旧照片小画面里的人物，就是历史。

很多年轻的人们，很少有关注或者了解过自己的家庭，这个课题是一个很有必要的尝试。虽然为期五天的"何为江湖？何为民间？"工作营已经告一段落，但是我们还在继续尝试，了解自己、了解家庭、了解国家、了解社会，了解民间与江湖。

——薛敬亚（2014 级 史论系 设计史专业）

工作营结课已经半个月了，才静下来写这一篇感想记。送走王林老师和陈启基老师也已半个月了，要说感触，我觉得我感触最深的应该是——联系他们。去机场接他们，到送他们离开西安，但是却突然不知道该怎样表达出来。前几天还与王老师、陈老师联系，我还是一味的乖巧礼貌，他们还是一味的客气。王林老师的诙谐幽默，陈启基老师的朴实踏实，都深深地存在于脑海。工作营短短五天，却似好久。

"何为江湖？何为民间？"是工作营的题目。江湖和民间这两个词看似与我们没太大关系，其实不然，我们都生活在自己的江湖里，每个人背后的家庭链锁，每个家庭背后的故事，却又都处在这个社会的民间里。在《第一种民间记忆》的展览写留言时，我们中的很多人写下了要重修家谱的誓言，我也一样。我在想如果没有这个课题，我应该是不会特别地关注到家族家谱，我甚至都不知道前两三辈人的名字。可是这次，我们在老师的引导下，收集自己家里的老照片、家族中的小故事，不管收集到的东西怎么样，但是做这些的过程就已表明了做这件事的意义。这绝非一次简单地收集，每个人将照片用不同的方式呈现出来，做成一个作品，老师也一样做了，并且在言辞中传递着民间的意义，他强调中国人的宗土信仰，强调我们不能忘本，自己的姓氏或是谱名，就像王老师、陈老师在《第一种民间记忆》展览前言中所写的一样。

王林老师很能讲，常常是打开了话匣子就滔滔不绝，有时候还自嗨，上这样的课无疑是轻松的。而陈老师话少，常常是想说些什么却又有些羞涩，却很是亲切，都是可爱的老头儿。工作营在这样的状态下不知不觉收尾了，收获颇多，我们都该去关注民间记忆了，或者说是重拾。说五天似好久恐怕就是因为这个吧，当你在学习在进步的时候，这个过程就是艰难的。很感谢两位老师给我们这种轻松的艰难。

——高敏（2014 级 油画系 油画专业）

（二）家族故事

1. 什么是家

在得知此次课题的内容后，我就开始惴惴不安，觉得工人家庭里很少会有人在意家谱、家族历史，担心我的课程任务难以完成。

我的爷爷生于 1931 年，年轻时铁路招工从河南临颍县来到西安，后来又接来了奶奶和大伯，自此在西安安了家。爷爷的妈妈在灾年出门要饭时饿死在了路上，再也没能回到自己的家。那年，爷爷三岁。爷爷的爸爸也因疾病早逝。当我告诉爷爷我的作业是要制作家谱、收集家庭故事时，他先是翻出了为数不多的几张照片，接着没说几句话就开始泪眼婆娑直至泣不成声。屋里的长辈开始小声地数落我，埋怨我为什么要勾起爷爷的伤心回忆。我的工作坊作业就这么提前结束了……

爷爷有三儿一女，虽没过上锦衣玉食的生活。所幸儿女都十分孝顺。看过太多国产剧中因为各种原因每每闹得鸡犬不宁，还有周围邻居中儿女推脱赡养老人的责任等种种实例，深感我能生长在现在的家庭中是多么幸运，我的爸爸和各位长辈都给我做了很好的榜样。

我们家一直是男多女少，我曾经是家里最小并且唯一一个女孩儿，有点儿万千宠爱集于一身的感觉。直到 2011 年，我有了一个妹妹，我的位置从那天起被取代了。由于一些原因，妹妹一家三口和爷爷奶奶在那一年都住进了我家，家里从三口人变成了八口人。我的妈妈更是担负起照看小妹妹的任务。每天都有至少七个人在围着小家伙转，想想比我当年的待遇高多了。也不知是因为妒忌还是天生的使命感（嗯，我觉得应该是后者），我扮演了唯一一个红脸，唯一一个不惯着她的人。

如今我们家已经有了第四代，爷爷说，他要等到我们家的第二十口人。算了算这第二十口人应该是我的孩子，或者是我妹妹的男朋友。我希望是后者。

神仙把天堂当作家，中国人却把家当天堂。对中国人来说，家有着无穷的意义，你可以从中找到伦理、哲学与宗教内涵，更能找到中国人困境求生的壮阔精神史。不了解中国人对家的这种浓烈情感，就不会懂得中国历史，就不会懂得中华民族为什么在经历无数苦难之后，仍然生生不息。

你告诉我，什么是家，我就可以告诉你，什么是永恒——龙应台《家》。

——辛荣（2014 级 美术史论系 艺术教育与管理专业）

2. 爷爷和奶奶

降落于世，睁开眼的第一瞬间，父母构建了你对这个世界的第一印象。家，似乎永远是一个人心底最真挚的港湾。中国，自古以来十分强调对于一个族群，一份血缘的延续。从小至大，从家门口到漂洋过海的距离，都挡不住一种对于故乡的思念。这种对于故乡的执着，是每个中国人特有的乡愁。在外漂泊的中国人，长久以来似乎特别讲究"落叶归根"，这个根究竟是什么，是儿时家门前的玩耍回忆？还是对于曾经的想念？

"根"是什么？从西周的同姓分封到如今的家族祠堂。中国的社会关系中，似乎有一种树状分支图的存在。曹植的七步诗中提及"本是同根生，相煎何太急"，似乎在隐约地告诉着我们，这个根的概念。

2014 年 11 月，参加了王林老师的工作坊"何为民间？何为江湖？"课程中对于家谱的解说和分析，似乎解答了这个根是什么的问题。与不断传承和延续的中国五千年文化一样，中国人对于血缘的传承一直十分看中。传宗接代的概念一直贯彻到今天。同样，血缘作为传承的方式，也表现出如中国文化一般极强的凝聚力。家谱作为一个家族香火不灭，延续传承的依据，通过家谱的记载，让每一个人找到了自己的根，追根溯源，去回顾属于自己血液中流淌的文明和故事。对往昔辉煌的自豪骄傲，对于曾经苦难的教训感悟，已经逐步成为了一个个灿烂的家族文化历史，甚至是一个家族的精神记忆，也唤起了我对家庭历史的兴趣，借着这样一个机会去了解家庭的历史故事。

我按着传统跟着父亲姓王，爷爷的家里已经没有家谱了。老一辈人对祖先的回忆，追溯到的也只有他的爷爷辈了，所以也不是特别讲得清，他来自哪里和曾经的家族故事。所以我在这里也只能说一说，我所知道的爷爷奶奶的故事。

在我看来，爷爷是个特别智慧的老人，70 多岁的年龄，有着一双似乎能看透一切的眼睛，也有着淡泊人世的安定。在那些不安稳的时光里，经历了辉煌、困难到平淡。听爸爸说，爷爷这一辈子，写起来都可以当部小说了。太爷爷的时候有些家业房产，但是太爷爷很爱赌博，渐渐地败得也差不多了。那时年轻的爷爷是个十分聪明的人，能干、智慧。在当时很风光。20 世纪 60 年代，在小轿车还没有普及的时候，爷爷就坐上了小四轮，很风光。姑姑说，她小时候就能穿上皮鞋，在大院子里独一无二。后来，突如其来的动荡，改变了爷爷的一生。听爸爸说，"大动荡"时期，爷爷骑了辆二八自行车，载了奶奶和爸爸他们，连夜骑出了城逃命去了，骑了整整一夜。后来"动荡"过去，家业房产也没得差不多了，爷爷和奶奶也就成了两个很普通的工人，一直很平凡地生活下去。

现在的爷爷奶奶，对于生活、生死似乎看得特别通透。不同于一般年纪的老人，他们对生老病死的态度，生病不恐慌，讨论生死时的淡泊，坦然得让我惊叹。

从小在爷爷家长大，在我们印象中，爷爷奶奶对家庭特别看重，在我小时候，爷爷每年都亲自操刀准备年夜饭、佳节饭。他特别反对过年在外面吃，他总是说"我能烧一年，就要烧给你们吃"。一家人在一起吃饭，吃得安心，吃得开心，似乎是他最开心的事。长大后的我们分布在各地求学工作，谁只要有机会回家，爷爷都会烧上一桌美食来犒劳在外奔波的我们，而我们也常常照下一桌子丰盛的食物，相互发图炫耀。时至今日，年过七旬的他还是会亲自准备年夜饭，如今的我们在心疼他的同时，也更加珍惜这一年年的每一餐饭，这也成为了我心中最深情的回忆和对家的最高信仰。

有些人说，现在的中国人没有信仰。其实不然，在中国人的心中，家就是信仰！外国人通常没办法理解，中国父母对于孩子的疼爱，其实只有我们自己知道，这种流淌于血液之中的爱，就是我们最不可动摇的信仰。一代代延续，成为流淌在血液里，深植于骨子里的乡愁。这就是我们的根！

——王资卓（2014 级 美术史论系 考古专业）

3. 农村老人

爷爷奶奶都来自农村，他们那个年代是父母之命、媒妁之言，指腹为婚，爷爷奶奶俩从小就订亲了，奶奶嫁给爷爷的时候正值国家社会动荡、战乱的年代。他们经历了人民公社化运动，吃大锅饭，吃饭还得凭粮票的计划经济时期。爷爷奶奶可以说勤劳了一辈子，到了应该享福的时候，爷爷却病了，家里人一直瞒着爷爷，没告诉他的病情。这几年，奶奶日夜陪伴照顾着，从不间断，当初被下病危通知书的爷爷，如今能吃能睡，还能偶尔下田干活，生活不能再好了。他们不管生老病死，从来不离为弃，相扶相依，他们虽然一生坎坷，可一直以来相互陪伴，相爱一辈子，白头偕老，真让我为他们自豪。

外公外婆大概在 1961 年结婚，生有两个女儿，太公在新中国成立前是开小型粮店的，新中国成立后参加革命工作，在塑料厂做会计。外公在外地做小学教师，是中共党员，后来成为小学校长。外婆在电珠仪表厂工作，辛辛苦苦将妈妈和姨妈拉扯大。小时候，外婆家和大部分人家一样，日子非常艰苦，生活朴素，午饭一般就是青菜豆腐汤，每逢过年才有肉吃。外公和外婆总是三天一小吵，五天一大吵，一辈子就在吵吵闹闹中过去了。

——杨玚（2014级 美术史论系 艺术教育与管理专业）

4. 草原的冬天

想起爷爷的时候我会想起一种裹着红色油纸的糖果，糖果对我的诱惑力极大，爷爷总是偷偷塞给我。妈妈说其实我好想吃的呀，但是每次看到她严厉的眼神，就会一边哭一边把糖使劲儿撇开。爸爸说爷爷只是想抱抱我，我却对他身上的烟味讨厌极了，每次都躲开，后来举了一辈子烟袋的爷爷把烟戒了。每次讲起这些琐事，大家都会沉浸在温暖的回忆里，善意地取笑我。然后再说到爷爷，就只是叹口气。

爷爷十岁的时候，太爷爷抛下老大老二，带着他从老家出来，一路搭车向北，过山海关，过兴安岭，停在紧挨着苏联的一个荒凉的村庄。四年之后心力交瘁的太爷爷病逝，爷爷那年十四岁。

那几年他在名为"16号"的地方给一户苏联人放牛。"16号"是火车铁路养路工区的编号，居住人口只有养路工人和半农半牧的零星几户，沿着铁路有几座石头房子，几十年后才慢慢形成村庄。爷爷住在雇主的牛棚里，晚上和着干草睡，白天早早起来。那时候草长得好，冬天雪下得再厚也不会完全被盖住，所以牧民还没有和今天一样秋天打草存储的习惯。于是他的生活日日相同，不分四季。

草原上的冬天极冷，每年冻死的人比比皆是，流出的鼻涕会瞬间结成冰柱。然而爷爷没有鞋穿。于是放牛时他不但要留意牛吃草，还要留意牛拉屎，只要看见一泡牛粪打在地上，就赶紧把脚丫子埋进去。虽然就这样挨过了几年，没有冻死在牛棚里或草场上，却留下了折磨他一生的种种寒疾。

又过了四年，铁路招工时他去了，成了一名养路工人，换钢轨、换枕木、添石渣、打道钉，几十年如一日，直到退休。

爷爷没有照片，我没办法从他的面容中猜测他的心思和性情，对他年轻时的种种无人分担的沉重更是无从体会。有时想着他的漂泊，也会想起自己十六岁离家后独自经历的一切，虽然毫无比较的可能，却对背井离乡和孤独这两件事稍有感受。而性格中出走的决绝和承担的坚韧，让我明白自己的血脉相承。

——张婧璇（2014 级 设计系 视觉传达专业）

5. 外公的事迹

外公谢昭望。

17 岁，响应国家"抗美援朝"号召参军，部队就地驻扎。

所在湖南省军区独立 19 团被裁撤，调往海南军区。在天涯海角驻扎 4 年，白天站岗，夜晚巡逻海岸线。

被选送参加海南军区军事教导队学习，学习结束后担任班长，后任连队文书，同年入党。

23 岁，升为少尉，同年外婆携子随军。

被选送省军区文化学校学习，学习期间立三等功（全校唯一）。

1959 年冬，潜伏于海南岛的国民党残余势力煽动三亚黎族群众一万余人发动暴乱，其村党支部书记被暴乱分子使用木桩钉死于山上。外公所在守备区 150 团奉海南军区命令平息暴乱，20 余名暴乱骨干分子被枪毙；其余一万余名暴乱群众经过反复劝说随后自首并获得宽大处理。

任湖南省军区 16 师师部干部科科长。

因身体原因调往所属团任团政委。

1976 年全国裁军 100 万，其所在团全团裁撤，就此告别 25 年军旅生涯，后转业从商。

——孟乡（2014 级 油画系 油画专业）

6. 画画的表舅

想了好久始终觉得记忆里没啥太有意思的事儿，熟悉的地方没有风景的话就需要换个思路寻找。果然有收获，虽然所有线索都是模糊的，但这个故事却能明确地和我建立起联系。原因很简单，这位远房亲戚也画画。

这位亲戚是妈妈的表哥，就是妈妈姑姑家的孩子。论辈分应该是我的表舅舅。据妈妈的回忆（也是很模糊的），他特别喜欢画画，那个时候农村家庭读书都很奢侈，就更别提画画了。他无师自通，一有时间就在自己房间里埋头画画，房间墙上挂满了他画的画，以老虎、狮子等动物题材居多。邻里亲戚都说他画得好、画得真"像"，妈妈也回忆说画得特别逼真。从这些回忆可以判断，表舅应该是挺有绘画天赋的，只可惜因为家里穷，家长也没有意识去让他学习画画，就只能和大家一样，在家干农活，有时间了才画画。……就这样一年年过去，一年年画画，表舅的精神状态越来越差，妈妈也只在小时候见过这个表舅，后来再未谋面。

后来妈妈听说我的这个表舅在他 36 岁左右的时候就去世了，具体原因也无从知晓，只知道他当时的精神状态已经完全崩溃。人们都远远地躲着他，直到有人发现他已去世。慢慢地，他的整个家庭也渐渐消失了，没有后代子孙，也没有了音讯。

我多么希望能看看这个表舅画的画啊！愿他来生可以好好地画一辈子画，并能和喜欢的女孩子相守一生。

——万令鑫（2014 级 美教系 油画专业）

7. 我家的故事

妈妈说的故事：蔡家楼住着的人大都是本家，我的太爷爷叫什么都已不知道了，但是大家都叫他蔡举人，这样的家庭在当地也算是书香门第。说起家族，大家都讲究人丁兴旺，但是我的六世祖父只有五个女儿，所以就过继了一个河南男孩，也就是我的五世祖父。他有两个儿子，我的祖太爷是二儿子，之后就到我的太爷爷和爷爷，再到我的爸爸。这个家族的故事好像三天三夜都说不完。日子一天天过，老人们却一个个都离开了。

爸爸说的故事：白胡子爷爷是前几年才去世的，现在我的四奶奶虽然已百岁有余，身体却还硬朗。我们一个村子的人都姓薛，对于这个家族，我家姑娘知道的并不是很多，但是每年过年回家，七大姑八大姨的拜访，已经让她对这个家族有所了解了。根据薛氏族谱原序（九世孙写于康熙三十八年）所记，薛氏世居河东，历隋唐元明以来，代有伟人。

对于以往的故事，后辈们已经无所了解，但血脉传承，因为我们是一家人。

我的故事：小时候在姥姥家长大，最喜欢坐在门口的门墩上看来来往往的乡亲，等候姥姥叫我吃饭。也最喜欢周末抱着自己的小包坐在石墩上，等候爸爸妈妈来接我回村里，姥姥家门口的石墩陪了我整个童年。当时镇子上只有唯一的一家照相馆，每当过年我都会去光顾，就像是约定俗成的规矩。每个时间段的我都在照片里保存着，看到她们就仿佛自己又回到了那些年。爸爸年轻时的青涩帅气，七岁时和弟弟一起玩耍，初中时开朗欢乐的假小子……

姨的故事：上学在现在看来已经是很普遍的事情了，可是在妈妈小的时候，能上学并坚持读完初中的人很少很少。我姨说她很庆幸当时初中毕业后就考上了中专，后来她成了家里的第一个大学生，读书也许就是她命运的转折。这的确也是我命运的转折，我初中毕业后跟随她学习美术，上高中、考上大学，而现在的我在这里和大家分享我的成长。

——薛敬亚（2014 级 史论系 设计史专业）

8. 杨姓溯源

杨姓，隋朝国姓，出自西周王族支系，在"百家姓"中排第 16 位，是现在中国第六大姓氏，约占全国汉族人口的 3.08%，在全国分布极广，尤以长江流域省份为多。杨氏人口大约是 4 000 万，是全球华人十大姓之一。

关于杨姓的源流有很多说法，其一称杨姓出自黄帝之后西周王族；其二称源于西周宣王子尚父说；其三称源于晋武公子伯侨说；其四称源于晋国太傅说。也有人称杨姓是因公赐姓、普通赐姓、从其养主、改姓、回归旧姓等。

宋朝（960—1279），杨姓大约有210万人，约占全国人口的2.7%，排在王、李、张、赵、刘、陈之后，为宋朝第七大姓。杨姓第一大省是四川，约占全国杨姓总人口的24.7%，占四川总人口的6.4%。

明朝（1368—1644），杨姓大约有240万人，约占全国人口的2.5%，为明朝第六大姓。在全国的分布主要集中于浙江（11.1%）、江西（10.7%）、江苏（10.3%）、山东（10.1%），这四省杨姓大约占全国杨姓总人口的42%。

根据新华社北京2006年1月10日电，国家自然基金委支持的一项最新研究表明，最新的"百家姓"顺序已经新鲜出炉，杨姓保持第6位。从明朝至今600年中，杨姓人口由240万激增到3700万，增长了15倍多。全国人口增长了13倍，杨姓人口的增速高于全国人口的增速。在全国的分布目前主要集中于四川、河南、云南三省，大约占杨姓总人口的30%。

史上的杨姓可以追溯到战国时期哲学家杨朱，秦朝华阴侯杨章，西汉丞相杨敞，东汉太尉杨震，汉代著名文学家、政治家杨修，西晋晋武帝皇后杨艳、杨芷，北魏上柱国杨播，北周名将杨纂，隋朝开国皇帝隋文帝杨坚，隋炀帝杨广，初唐四杰之一杨炯，中国古代四大美女之一杨贵妃杨玉环，杨六郎杨延昭，南宋大诗人杨万里等杨姓大家。现代闻名的杨姓人物也层出不穷，中国画山水画家、北京画院艺术委员会主任、国家一级美术师、中国美术家协会理事杨延文，中国画人物画家、中国美术馆馆长、国家一级美术师、中国美术家协会副主席杨力舟，中国画花鸟画家、北京画院女画家、国家一级美术师、中国美术家协会会员杨瑞芬，中国画山水画家、中国民族画院副院长、中国美术家协会会员杨彦，中国画人物画家、中国国家画院院长、中国美术家协会副主席杨晓阳，以及中国第一位进入太空的宇航员杨利伟，著名舞蹈艺术家杨丽萍，中国著名电视节目主持人及企业家杨澜，内地女歌手杨钰莹，香港演员、模特杨颖，

杨氏宗亲吊线图

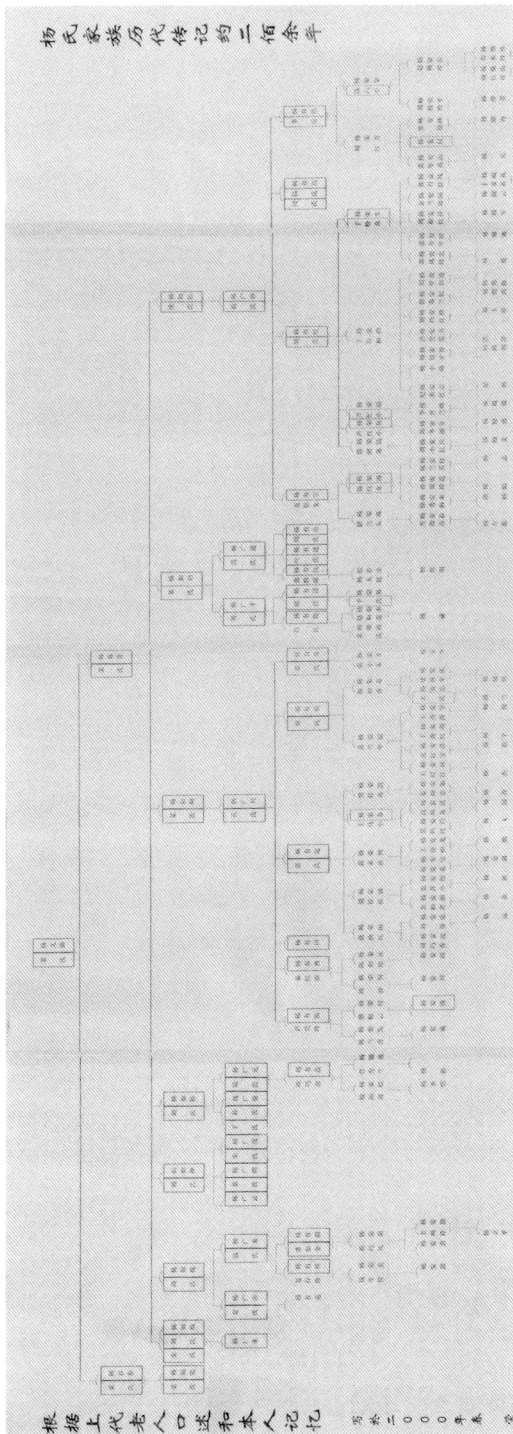

杨氏家族历代传记约二佰余年

根据上代老人口述和本人记忆

内地影视女演员杨幂等，可谓是人才辈出。

笔者通过采访调查还找到了爷爷于 2000 年根据上代老人口述所制成的杨氏家族二百余年九代人的家谱。家谱是一个家族的历史记载，通过家谱，我们能够比较真实地了解当时的历史面貌、时代精神、社会风尚，了解在那个历史背景下人们的生产、生活情况。研究家谱不仅是为了了解家族历史，更重要的是要继承传统家谱中的优秀成分，取其精华、去其糟粕，继承和弘扬优秀传统文化。正所谓："以铜为镜可以正衣冠；以人为镜可以明得失；以史为镜可以知兴替。"

9. 辛家与我家

辛氏是一个典型的多民族、多源姓氏，人口约有一百一十万七千，占全国人口总数的 0.069% 左右。辛姓发源于今陕西合阳（莘国），为夏时诸侯，夏传至桀时灭亡。商时辛姓于史书鲜见，商末有史官辛甲，西周时受封于长子（今山西省长子），其子孙遂开始在山西落籍。春秋战国时，晋国有辛俞、辛寥，周国都（今河南省洛阳）有辛有，鲁国有辛栎，表明辛姓在此际已播迁于今河南、山东境内。

两汉之际，辛姓在陇西（郡治今甘肃临洮）已形成大的聚落，特别是辛庆忌家族世代显贵，更为后世辛姓陇西郡望的形成打下了坚实基础。此际还有赵（今河北省一带）人辛垣平。由此可知，辛姓族人已经遍布北方。

魏晋南北朝时期，在陇西繁衍的辛姓已经族大人众，枝繁叶茂，而且高官不断，数量众多，辛姓陇西郡望已经形成。另外，在雁门一带的辛姓势头也很猛，并形成了辛姓历史上的第二大郡望——雁门郡望。此际，由于陇西郡望的带动，辛姓在今甘肃兰州也形成大的聚落，并且颇为辉煌。另外，辛姓在河南繁衍也颇为兴旺，并有辛普明由河南徙居会稽（今浙江省绍兴），当为辛姓入迁江南第一人。

隋唐时期，陇西仍是辛姓主要繁衍之地，而且势头不减，并出现了辛姓历史上的唯一一位宰相：辛茂将。

五代十国至两宋，辛姓发展出现了新特点，陇西郡望尤在，但已失去往日光彩。在今陕、晋、豫、冀、鲁等地辛姓发展迅速，尤其在今山东境内，辛姓繁衍尤为兴盛。随着南宋偏安江南，南方出现了更多的辛姓人家，并且已有辛姓入闽。

元代，有辛姓迁居新疆。

明初，山西辛姓作为明朝洪洞大槐树迁民姓氏之一，被分迁于陕西、甘肃、宁夏、河南、山东等地。明代以后，辛姓在全国分布广泛，尤以山东辛姓繁衍最盛。

清康乾年间以后，河南、河北、山东之辛姓闯关东者甚众，其中山东辛姓为中坚力量。

如今，辛姓在全国分布较广，尤以山东、辽宁、吉林、黑龙江四省为多，上述四省之辛姓约占全国汉族辛姓人口的71%。辛姓是当今中国姓氏排行第一百三十九位的姓氏，人口较多，约占全国汉族人口的0.09%。

我们家族据家谱记载是在明朝从山西洪洞大槐树迁民至河南省孟津县。我的爷爷、奶奶是在20世纪40年代末为寻找新的生活从河南孟津迁徙到陕西省铜川市落户的。后来爷爷在一家国有企业工作，每月二十多元的工资养活了一家人。

爷爷在铜川站稳脚跟后，他的三个弟弟也先后来到了铜川工作，并落户到了铜川。我爷爷兄弟六人，他排名老二，我大爷爷一家一直在河南孟津务农，没有离开老家。我三爷爷后来在铜川一家国有企业工作，四爷爷、六爷爷在铜川矿务局所属煤矿工作，五爷爷在云南某军队任职。

我们家的老照片有一张是我五爷爷从部队回乡探亲，来铜川看望他的哥哥和弟弟时的合影，其中有两个年轻人是我的爸爸和我四爷爷的儿子即我的堂叔叔。另一张是我五爷爷一家在云南部队时的合影。还有两张一寸照片是我五爷爷的部队工作照。其他三张分别是我六爷爷的结婚照、旅游照和在工作中与同事的合影。

老照片记载的不仅仅是家族史。

——辛国炜收集整理（2014 级 影视动画系 摄影专业）

10. 胡姓渊源

胡氏是一个典型的多民族、多源流姓氏，在当今大陆姓氏排行榜上名列第十五位，在台湾地区则排名第三十八位，属于大姓系列。胡姓人口有一千七百二十三万左右，占全国人口总数的 1.07% 左右。

胡氏的起源地，是周王朝初期的封地陈国，即今天的河南省淮阳县。从此之后，胡氏以此为源地，其后世子孙逐渐向四处延伸。经过数代的繁衍，先后南达新蔡，北到山西，并成为当时的胡氏望族。

汉朝时期，迁入陕西、甘肃、山西、山东、湖北等地。其中，迁去甘肃省境的一族，在后汉时已成为一大望族，后成为各地胡氏繁衍的主要来源。

西晋末年，因"永嘉之乱"，胡氏中原士族大举南迁，胡氏遂迁入福建。胡氏南迁，始于西晋末年。胡氏的后代，从中原渡江南下，先迁到安徽，然后又从安徽再迁至福建，最后由福建迁居入台湾。台湾的胡氏，至今已遍及全省。不过，居住较为集中并且人数最多的，则是台南、台北、彰化和新竹等地。再以后，又由新蔡和山西两地的胡氏向其他各地迁居、繁衍，致使遍及了全中国。

四川、湖北、江西、安徽、浙江、山东、湖南居多，这几省胡氏人口约占全国胡氏人口的 65% 左右，其中四川省约占全国胡氏人口的 10% 以上。

（1）第一个渊源：源于妫姓，出自帝舜的后裔胡公满，属于以先祖谥号为氏。

西周初年，帝舜的后人妫满受封于陈（今河南淮阳），建有陈国，侯爵，胡公满因此又称陈公满、陈胡公。

据史籍《元和姓纂》等史籍记载，胡公满是上古圣君虞舜的妫姓后裔，虞舜的第三十三代裔孙，因此在公元前 1045 年，周武王姬发将长女太姬嫁给他，其成为周武王的东床快婿，并赐封为陈侯。西周时期，陈国的疆域在郑、宋、齐、楚等各大诸侯国之间，虽为西周王朝的十二大诸侯之一，常参与"五霸"主持的会盟，但却是这十二大诸侯国中比较弱的一个。

春秋时期的周桓王姬林四年（陈桓公妫鲍二十九年，公元前716年），陈桓公曾自不量力，与宋殇公子与夷、蔡宣侯姬措父联合，组成三国联军进攻郑国，却反遭到郑庄公亲率大军的大举反侵，弄得陈国还要请求鲁国来救。到了春秋中、后期，楚国势力逐渐强大，向中原发展，陈国长期成为楚国的附庸，勉强维持政权。周定王姬瑜八年（陈灵公妫平国十五年，楚庄王芈旅十五年，公元前599年），陈国大司马夏征舒杀了陈灵公自立。楚庄王（熊侣）就以讨伐夏征舒为名，灭了陈国，并将陈国划为楚国的一个县，后又听从大夫所劝恢复陈国，立陈灵公之子妫午为陈国君，是为陈成公。周景王姬贵十一年（陈哀公妫弱二十六年，楚灵王芈围七年，公元前534年），楚灵王（熊虔）再次灭陈国，陈哀公沦为楚国的一个大夫。但六年之后楚国内乱，楚平王芈居（熊弃疾）杀其兄芈围自立，陈国公室与蔡侯等因协助楚平王有功，楚平王恢复了陈国的诸侯国地位，陈哀公之孙妫吴成为陈惠公。到了周敬王姬丐四十一年（陈缗公妫越二十三年，楚惠王熊章十年，公元前479年），陈国在末代君主陈缗公执政时期，终于被楚惠王所灭。楚惠王在原陈国之地建立了陈县，成为楚国郡县制度的一个行政区域，后又改为楚国的别都。

陈国自妫满于公元前1045年开国，至公元前479年亡国，共传二十四王，历五百六十六年。

妫满在逝世后谥号为"胡公"，称胡公满。陈国被楚国所灭后，其国王族后裔子孙以及国人多有以先祖谥号为氏者，称胡氏，是为河南胡氏之一，世代相传至今，史称胡氏正宗。

（2）第二个渊源：源于归姓，出自商、周时期归夷族，属于以国名为氏。

归胡国，史书又称妢胡国，故址在颍州汝阴（今安徽阜阳）一带地区，是西周初期分封的归姓诸侯国，为子爵小国。

归姓起源于尧舜时代的后夔（封伯、归伯），其代表的氏族部落被称为归夷，属于东夷集团的一支，原居于河南商丘一带，后来遭到商王武丁的讨伐，被迫四处播迁。除一部分留居中原今河南省漯河市东部一带地区建立了小归胡国外，大部分归夷人不愿臣属于商王朝而继续向南迁徙，其中一支归夷人迁居于汝阴一带，并在该地区建立起妢胡国。在典籍《周礼·冬官考工记》中记载："妢胡之笴。妢胡，胡子之国，在楚旁。"说妢胡国盛产"美笴"，就是用来制作箭杆的细木。

在春秋末期，弱小的归胡国、妢胡国均被迫参加以楚国为首的诸侯联盟，结成联军去攻打吴国。后来又参加了楚国与吴国之间的"豫章之战"，结果，在周敬王十二年（公元前508年），楚昭王熊壬（熊轸）在"豫章之战"后的班师回程中，反而顺便吞并了同盟的归胡、妢胡这两个小国。

归胡、妢胡两国被灭后，其国王族子孙便都以故国名为姓，国人都以胡为氏，统称胡氏，世代相传至今，是为安徽胡氏。

——胡成阳收集整理（2014级 国画系 国画专业）

11. 宋氏名人

宋氏，是中国古老而又辉煌的姓氏之一。起源于三千一百多年前的周代。宋氏是源自以国为姓的宋国公族，但却不是纣王的直系血脉，而是纣王的长兄微子启的苗裔。微子启是殷商帝乙的长子，商的始祖契，又是帝喾高辛氏之子，帝喾又是黄帝的曾孙，这样追溯下去，宋氏应该是黄帝直系子孙。

宋姓的发源地在今天的河南商丘一带，秦汉时期主要繁衍于北方地区。

隋代以前，宋氏分布于今河南、湖北、河北、山西、陕西、江西、山东、甘肃、安徽、浙江等省。唐初，有河南宋氏随陈政、陈元光父子入闽开漳，在福建安家落户。此外，宋氏已扩展至今四川、广西及北京的一些地方。宋高宗赵构南逃，有中原宋氏随之徙居今浙江、江苏、湖南，后来有的又迁至广东的五华、梅州、潮州等地。

五代，南迁于湖南的宋氏有一支融入了当时的少数民族。从清代康熙末年开始，闽粤宋氏陆续有人移居台湾，进而又有远播海外者。总的来说，唐代以前，宋姓南迁繁衍不那么广泛。到了宋代以后，宋姓就遍及大江南北了。

宋氏历史名人简介：

宋玉，战国时楚人，约生于周赧王二十五年，卒于楚亡之年。因曾任阆台令，故亦称为阆台公子。善辞赋，作九辩、招魂。与屈原并称为屈宋。

宋憬，唐南和人。玄宗时的名相。耿介有节，守法持正，与姚崇并称为唐代贤相。累封至广平郡公，进尚书右丞。性喜梅花，所作梅花赋，世所称誉。卒谥文真。

宋之问，字延清，一名少连，唐汾州（今山西省汾阳县）人。武后时官尚方监丞左奉宸内供奉，工诗，其诗与沈佺期齐名，称为沈宋。以媚附张易之而被贬官，后流岭南赐死。

宋慈，南宋人，曾任广东、湖南等提点刑狱官，为案着重实地检验，他所编的《洗冤集录》，是世界最早的法医学专著，对法医学的发展作出了重大贡献。

宋应星：明代著名科学家，其所著《天工开物》一书，为中国古代科学技术名著。

——宋涛收集整理（2014 级 油画系 油画专业）

12. 本家父系

高祖高××：陕西咸阳人，据南等老辈回忆："人英雄，人高马大，带兵战死疆场，在战袍上血写名姓，故里，乃归葬南等村。"

曾祖：高××，曾就职于西安一家商号，娶妻叶氏，纳一妾。

祖父：高玉山（长子），字科（1912—1958）。好书画。幼读私塾 7 年，1926 年在"中华国学"就学 3 年。先后入新秦日报、西京晚报、西北朝报工作。抗战后，自己编撰了《抗战大事记》，并举办了个人画展。与妻范福贞育有三男三女。

父辈宗亲介绍如下：

父亲高民生（高玉山长子），原西安中国画院副院长、陕西省艺术馆研究员、中国美术家协会会员、陕西美术家协会理事、西安美院客座教授、陕西省非物质文化遗产保护工作专家委员会委员。与妻王彩芹育有一女一男。长女高蕾，中国建筑学会壁画艺委会委员，西安美院工艺系综合材料工作室主任，副教授，在读博士。长子高铭，工作于陕西省安全局国际文化交流中心。

父亲 1944 年生于西安，籍贯陕西省西安市长安区，自幼受祖父影响，好文史、诗词、绘画。

1963 年毕业于西安美术学院附中。

1968 年毕业于西安美术学院中国画系。

1969—1974 年在延安纪念馆及陕西省文化局美术创作组（简称秦文美），与王子武、李世南、蔡亮、王炎林等同仁一同工作，从事革命历史画创作。

1974—2004 年在陕西省艺术馆进行民间美术辅导，开发挖掘拴马桩非物质文化遗产的保护，并坚持从事主题性绘画创作，并擅长写意人物和鞍马。

2004 年至今仍以主题性绘画为主要内容进行创作，继续综合延伸、发扬自己写意领域深度与高度。

成就及荣誉：获陕西省美展特等、一等、二等、三等、优秀奖 19 次，入选国家级美展 16 次。论文《渭北拴马桩考源及形式美》获文化部中国群文学会 2001 年论文优秀奖，设计作品西安市徽，1988 年由西安市人大通过施用。辅导业余创作作品获国家级美展奖 12 件。

二叔高民权（高玉山次子），1952 年生，中国美协会员，陕西省美术家协会理事，陕西山水画研究会常务理事。作品参加全国、省部级各类大展，获奖多项。1997 年参加"意象艺术国际研讨会"（国家科研项目），论文《意象艺术的开悟》结集出版，曾获陕西省文化厅"优秀文艺工作者"称号。与妻王筱芳育有一子——高原秋（画家，铁一中美术老师）。

三叔高民利（高玉山三子），笔名三郎，1954年生，陕西西安人，师从蔡亮、刘文西、王子武，省美协会员，西安中国画院画家，多次获得全国及省部级美展奖项。与妻王玮育有一子——高原野（建筑专业在读研究生）。

大姑母高彩琴（高玉山长女），西安宾馆职工。大姑父王金城，西安宾馆动力科经理。二人育有一男一女。长男王浩，就职于陕西省旅游局。长女王蓓，西安文理学院设计专业教师。

二姑母高彩霞（高玉山次女），国际标准舞教练，英国皇家舞蹈协会会员。二姑父廖茂盛，陕西省军区作战部参谋。二人育有二子，长子为私企经理。次子为厦门舞蹈学院舞蹈教师。

三姑母高彩兰（高玉山三女），西安铁路局职工。育有一女——高丽子，现居法国。三姑父姚诗杰，西安黄河有限公司集团公司厂长。

——高蕾（2014级 工艺系 艺术设计专业）

13. 肖姓与萧姓

姓氏变异

"肖"姓(作姓氏时读xiāo)基本都原为"萧"姓，因《第二次汉字简化方案》的推行（后废止）而产生了"肖"姓，后因户口姓氏变动较困难，于是很多人便没有改回原"萧"姓。"萧"与"肖"原本是两个不相干的姓氏。在古代，肖姓极为罕见，历代史书都很少见到，甚至连宋代《百家姓》、明代《千家姓》中都不曾见到肖姓，只是在明朝凌迪知的《古今万姓通谱》中，才首次出现了"肖"姓，载汉代有肖安国、肖绍；明时有肖靖者，宣德时举解元等。在二十四史中，也仅有《辽史》《元史》提到有肖姓人物，均是少数民族。至于"肖"姓的起源，无从查考。萧、肖两姓后来混用，主要是因为近代汉字简化的趋势。

其实萧（肖）这个姓氏在汉代就已经基本绝迹。半个世纪前，"萧"姓很多，"肖"姓则罕见。《第一批异体字整理表》和《汉字简化方案》颁布以后，很多人认为"萧"是"肖"的异体字，或认为"肖"是"萧"的简化字。于是不少"萧"姓者为书写简便，把"萧"写作"肖"；一些部门的工作人员在为"萧"姓者办理身份证、户口登记、入学手续时，也常将"萧"写作"肖"。因此，近几十年来，"肖"姓多了起来。很多人便将"萧"改成了"肖"。1986年，《第二次汉字简化方案》作废，有些人把"肖"改回"萧"，有些人没改。实际上，如今的"肖"姓大多是"萧"姓。

新中国成立后，政府推行简体字，把"萧"改成"肖"，数百万"萧"姓人士全都被变成"肖"，其中包括最高人民法院院长"肖"扬。在"中华萧氏宗亲会"的奔走下，政府已同意恢复"萧"姓，如今已有福建厦门已有两名肖姓市民取得新的"萧"姓身份证。

历史上曾有过一个名萧的小国，是春秋时宋国的附庸；有过皇帝姓萧的两个朝代，即南朝时的齐和梁；有过几个姓萧的小有名气的文史学家：唐萧颖士，宋萧德藻；小有成就的还有南朝萧氏皇室诸子。

一般人以为"肖"是"萧"的简化字，却绝无此事。国家公布的《简化字总表》中没有"萧"简作"肖"，即"萧"不能简作"肖"。用肖者可能的依据是《新华字典》："'萧'（姓）俗作'肖'"。

相对"肖"之俗，"萧"确实雅。孔稚《北山移文》："夫以耿介拔俗之标，萧洒出尘之想。"崔郊《赠去婢》诗："侯门一入深如海，从此萧郎是路人"，"萧郎"泛指女子所爱恋的男子。类似，"萧娘"可喻为女子，周邦彦《夜游宫》词："有谁云，为萧娘，书一纸。"

我国法律规定公民有使用姓名的权利。萝卜青菜，各有所爱，本来萧与肖可以雅俗共赏，然而现实偏偏不容萧、肖共用。其实，"肖""萧"混淆的历史至今不是很长，只是"文化大革命"后才"肖"息渐浓。

姓氏渊源

第一个渊源：据《元和姓纂》《通志·氏族略》《古今姓氏书辨证》等有关资料所载，出自子姓，以国为氏，为周代宋国微子启的后裔。在春秋时期，宋国有一名将名为南宫长万，在攻打鲁国时战败被俘，被囚于后宫，几个月后才回到宋国，宋闵公为此曾多次取笑他，长万因被触痛处而恼羞成怒，一次乘酒兴杀死了闵公，并从此公开叛乱，另立公子游为君。宋国群公子纷纷逃往萧邑（今安徽省萧县西北）。后来宋国微子之后大心率王族弟子及随从组建的军队，诛杀了南宫长万，平息了这次叛乱，扶闵公之弟御说继位，是为宋桓公。宋桓公因大心平叛有功，就把大心封于萧地，以为附庸，建立了萧国，称大心为萧君，人称萧叔大心。公元前597年萧被楚所灭，其子孙遂以去掉内链，内链过多国为氏，称为萧姓。大心也就被后人尊为萧姓的得姓始祖。

第二个渊源：据有关资料所载，古代嬴姓各部族首领伯益之后作士于萧，便以萧为姓，其后代延袭姓萧。

第三个渊源：据《续通志·氏族略》《姓氏词典》《古今姓氏书辨证》等有关资料所载，出自少数民族改姓或被赐姓，得姓萧。汉朝时巴哩、伊苏济勒、舒噜三族被赐姓萧，两晋南北朝时契丹巴哩、伊苏济勒、部噜三氏改姓萧。

宗族名人

萧何：沛县（今属江苏）人，汉朝政治家，秦末随刘邦起义，他知人善任，在楚汉相争中为刘邦战胜项羽建立汉朝起到重要作用。

萧望之：汉朝东海兰陵（今山东苍山）人，从师后巷学诗，又从师夏侯胜学《礼》及《论语》，官至御史大夫、太子太傅等职。

萧思话：南朝南兰陵（今江苏常州）人，南朝宋尚书左仆射，好书史，有令誉，后拜郢州刺史，因有才被武帝以国器许之，他先后历十二州，爱才好士，人咸归之，卒谥穆。

萧道成：南朝南兰陵人，仕宋为中领军，后乘朝廷内乱，壮大势力，拥立顺帝刘准，自为太傅领扬州牧，升为相国，被封齐公，后废宋称帝，建立齐王朝，史称齐高帝。

萧统：南朝南兰陵人，南朝梁著名的文学家，梁武帝之子。少时遍读儒家经典，善辞赋，辑《文选》三十卷，为我国现存最早的文章总集，对后世文学创作颇有影响。

萧衍：南朝南兰陵人，南朝齐时著名大将，后因朝廷腐败内乱，萧衍于公元 502 年代齐称帝，建立梁朝，建都建康（今江苏南京）。

萧琛：南朝南兰陵人，少明悟，有才辩，不事产业，特进金紫光禄大夫，著有《汉书文府》《齐梁拾遗》文集。

萧颖士：兰陵人，唐开元年间进士，对策第之，曾仕秘书正字、扬州功曹参军等，高才博学，致力于古文。

萧良有：明代汉阳（今湖北武汉）人，生而聪颖异常，以神童名，万历中会试第一。领国子祭酒，着有《玉堂遗稿》流传。

萧朝贵：广西武宣东乡人，太平天国著名领导人之一，在战争中屡立战功，被封为西王，后在与清军作战中阵亡。

萧楚女：原名萧秋，湖北汉阳人，中国共产党早期青年运动领导人之一，曾积极参加革命运动，后在反革命屠杀中被害。

萧三：湖南湘乡人，国际著名诗人，无产阶级文化战士，早年与毛泽东、蔡和森创建"新民学会"，参加五四运动，为我国无产阶级文艺运动和世界各国人民的文化交流事业作出过重要贡献，著有《和平之歌》《伏枥集》译本、《新木马计》《前线》等。

肖钢：1958 年 8 月出生于湖南长沙，江西吉安人，1976 年参加工作。历任中国人民银行政策研究室主任，中国外汇交易中心总经理，中国银行董事长、行长等职。现任中国证监会党委书记、主席，是中共第十七届中央候补委员，十八届中央委员会委员。

繁衍变迁

萧姓最早发源于今山东省。先秦时期，萧姓族人由于国家被灭而散居各地，家族势小力微。到了秦汉时期，社会动荡，迫使萧姓外迁，进入第一个发展迁徙时期。萧姓经长期迁居，已从原聚居地向四周大量繁衍，且名人辈出，汉相萧何便是其典型代表，他早年辅佐刘邦起义，在攻占咸阳后，注意收集秦的律令图书、郡县户口、社会情况等大量资料，为西汉王朝的创建立下汗马功劳，并助刘邦消灭异姓诸侯王，他的子孙也分别入仕于两汉，均为高官，为汉朝的繁荣作出了巨大贡献，因此家族兴旺，几个较大的郡望即在此期形成。三国魏晋时期，战乱频发，加上两晋时期的"永嘉之乱"，士族南迁，萧姓族人也随之而徙，播迁于南方诸省，使家族得以进一步发展壮大，南北朝时期，萧姓显贵于天下，建立了齐、梁两朝、繁衍昌盛、人才辈出，使萧姓发展进入了一个鼎盛时期。唐宋年间，社会相对稳定，经济繁荣，萧姓族人一方面文人墨客遍布于天下，另一方面由于新成分的涌现，即居住在中国北方及东北的契丹族萧氏劲族的加入，从而成为一个显贵、庞大的家族。在此期间萧姓也有迁入福建、广东定居者，至此，在唐宋以前，萧姓已广布于我国山东、河南、河北、安徽、北京、福建、广东等地区。元明清时期，萧姓徙居于南方四川、湖南、江西、湖北等省份，名人不断使萧姓成为名门，自清康熙末年，萧姓族人开始多次入迁台湾，有的还远播海外，使萧姓真正遍布于我国南北方各地。今日萧姓在我国分布较广，尤以贵州、四川、湖南、江西、湖北、山东、广东等省多此姓，六省萧姓约占全国汉族萧姓人口的69%。

湖南永州迁至四川蓬溪，为萧氏一脉（湖南永州迁至四川蓬溪）的族谱，约二百页，书写工整，成书于二百多年前，其中详细记载了萧氏此脉从迁至何家沟以及兴家过程，重在表述家族分支、脉系、阴宅地理等信息，并慎重明确了此系辈分。（班行）排序：大仲思可继，永世德青林，光显嘉体在，尚承吉时兴，克正良必复，登崇发祥生，维存希贤志，天启胜全经。

郡望堂号

萧姓在漫长的繁衍过程中，形成了几大郡望，据《姓氏考略》所载，主要有三个：①兰陵郡，治今山东枣庄市。②广陵郡，治今江苏扬州。③河南郡，治今河南洛阳市东北。

宗族特征

（1）萧姓族人在家族史上地位比较显赫，曾出现众多皇族。萧姓族人曾出皇帝十一人，皇亲众多。

（2）萧姓在历史上注重文化，文人墨客能诗善画者众。如唐宋时萧姓十个宰相，均为大作家，另外，其宗族诗人画家也众多。

（3）萧姓适用楹联众多，且具有十分鲜明的时代特色与家族特色。

萧氏家训

凡子孙而能言行之时，即教之以安详、恭敬，至七岁以上，使之出就明师，读文公小学，务要讲解明白，使其知孝、悌、忠、信、礼、义、廉、耻等事。其禀性聪明者，加读四书五经、古文左史，无不习读，此志远大者，所当然也。否则一书用之不尽，要必得之于心，体之于身，无为句诵章之学可也。若夫女子则自幼教于妇德、妇言、妇工、妇容，其品貌天性若有过人者，始其读烈女传，庶乎长大适人，必知所以执妇道矣。

重礼教：凡冠婚丧祭之礼，人生始终之事毕矣。世人不悟，至于丧祭，每酷用浮屠，而礼教为之大坏，哀哉！吾曹氏琚始向学时，即去浮屠不事久矣。其以礼仪节文，虽能为悉，而于先哲遗范亦不敢违；今后凡遇吉凶之事，要当一一遵用文公家礼，厚其宗族，凡遇宗族有吉凶之事，要各行吊庆之礼，或困乏罹于患难者，族之贤而尊者，宜倡义率众，随家厚薄各出所有以周济之，惟务实用，不惑于世俗以事斋醮，致令费无经，何益之有？其或族人被人非礼陷害，则必协力以救之，救之则必退逊而避之，避之不得而后赴诉于官，听其常法处之，若自己为非，招人凌辱，则当先自痛责，然后从容婉曲为之求解，慎勿恃勇相斗，无曰彼来先施也，我有宿怨也，率之坐待其毙，悔无及矣。

崇敬爱：凡为子孙弟侄者，呼父母必怡颜悦色，事兄长及伯叔必谦卑，游息偶坐随行，时而侍侧，不问则勿言，不命则勿坐。凡称兄、弟、伯、叔、子、侄、嫂、婶、姊、妹、以及亲戚，必以行辈，有呼而对则以应，授之以诚，则克勤克慎。

命之以事则奉行不违。有所训诫则听受而服膺之。或有理之责，则勿较其是非。如遇父母有过，则微谏，或有不听则托诸母及得意族人而达其情，毋忌讳以陷亲于不义。毋妄言以激亲之怒，而自取悖逆之罪，至于父母、伯、叔、姑、侄、姊、妹、无不皆然，乃若抚之以恩，与之以均，接之以礼貌，则居长者所当然也。

守俭约：凡俭约最为可久，今日世俗侈靡，耗一小物即失敦厚，如衣服必以布帛为重。子弟当弱冠以前，毋令衣罗纱绫缎锦绣色衣，既冠而贤则量给一二，以为吉礼出入之用；不贤则勿给。然虽贤德子弟，其于平居无事，亦不许衣也。至于日用饮食以蔬菜重，故不得私以酒食自误，必有故而设，然常事馔不过四五品，酒不过六七巡或十巡而止。宾重则馔用倍之，而酒必如数，或有不常之会则设馔，亦必斟酌丰约适宜而已，决无染习世态，以致杯盘狼藉，费出无经，乃若奉养父母，则竭力于其当为又在禁也，轻中其慎择之。

劝生业：凡生业不可少废，子弟至十五以上，择其聪明者责之儒业，而赀其费，俾得专业；又必择贤师益友以正其从违，庸下者则令其或务乎农，或精乎工，或经营于商贾，各占一业，务其成效。妇人则专纺绩，以供衣服；其或饱食终日无所用心，以致老死牖下，终无一善成名，岂不惜哉！凡其所图生计，又要一一循乎天理，否则今日难得，异日必失之，不可慎欤！

肃闺门：凡闺门不可不慎，妇人鲜知礼仪，为其夫者，必于平居之时，先以正导之，如姑舅则先系之以敬，待姊娣则先示之以和，御婢妾则先示之以慈，鞠儿女则先示之以爱，待骨肉则先示之以勿薄，闻妖邪之说则先示之以勿惑，遇外来之事则先事之于尤，必严其内外，谨其出入，有不善者，小则小斥之，大则大斥之，而皆待之以恕，使其得以改之，其惑甚焉而有害于大伦，则必割爱；以全之斯亦不知为过。

恤孤寡：凡孤儿寡母，世之大不幸也，君子之所悯也。吾宗族不幸有如是之人，必人而抚之，礼貌以遇之，视其缺乏以周济之，至于当时之财产则勿侵，倘来之苟孤则勿扰，其或为之孤者，父母俱亡，年纪尚幼，须鞠养之，如己所出。寡而无子者，志坚守节，尤当加敬，为之求嗣，其后可也。

厚姻戚：凡待外戚不可以远近有间，妻室亲属既厚待之，父母之亲尤所当厚。至于祖父母及伯叔兄弟之亲，亦不可薄；如接遇之情，以馈遗之仪，吊庆之礼皆不可忽。富贵者毋亲弃于贫贱，贫贱者毋怨望于富贵，各自尽其情而已矣。

睦乡党：凡处乡党，当以古法出入相友，守望相助，疾病相扶，乃若以强凌弱，以众暴寡，以富吞贫，横暴者以欺其良善，此后世之弊最为可戒。或有非礼以加我者，则避逊之而勿较，其或不得已不得避，则国有常宪，不必私与之争。孟子所谓：行有不得者，反求诸己而已矣。

御婢仆：凡待婢仆当善御之，寒则给之衣服，饿则给之饮食。用其所长而不责其所短，如或顽惰而诲谕之，不可过责，轻则少加苛责，重则棰之数下，不可深棰。责之后，呼唤使令辞色必如其常，以释其怨，或狠戾狡猾之徒，察其全不堪用，早宜遣去之，慎勿因循久留，致生他衅。又当禁约子弟妇人，不许辄因小失，鞭挞童仆，婢妾有遇，则告之家长为之行责，毋怀恨不发，使其畏罪不安。

供赋役：凡民之供乎上者，赋与役也。每岁该办钱粮必须及时缴纳，苟迁延怠缓，致里胥往来催偿，甚则必取官府鞭棰之辱；至于差役之来度，其果相应也，则依期趋赴，或重大而家力之不堪，即当顺其情而控诉之。苟或怠玩，则文书已行事更难改；亦或期限已过则必误事，而法自不容，提锁囚系之忧势所必至，岂不益取辱哉！乃若在官，钱粮慎勿兜揽，万一有失，必至鬻产赔偿，所损多矣。

遵规戒：凡家训盖将用之以后，古人敦睦之风，期吾族人世守而行之，或有不悟而违之者，则当以时祭既毕之余，读家训时，家长举而责之，如改则恕，不改则玷家声，就于族谱内削去名字，却于谱传之中略记其削之故，庶其所知警云。

萧氏家序

礼规小序：黄鲁直云：人生须辍生事之半，养一佳士教子弟为十年之计，及有可望。袁中郎戒友人书曰：河边肉铺，三叉港口，恕非陶铸学人之所。盖子弟读书日有其人，又贵有其地也。夫挟妓赌博固如猛兽毒药不可迎，若杯酒清啸，偶尔为佳，日日征逐亦成恶趣。徐家肺，杜家脾，贻笑千古，故子弟颖敏者，速学艺守塾，约束照明，使之温习经史卷，十年便成佳器。或不检束征逐嗜好，遂为跃冶千里之驹，偾表之犊，可不慎欤！如根器顿钝者，又须日课月程昼作夜者，效古人嚼铁磨杵之说，及后渐渍熏心，久耽成嗜。语云：考者不遇习者之门，笤帚不为禅，归师石头尚能点悟，变化气质，皆从学问中来也。至若昔人所云：学者治生为急，子贡散财不妨四科，亦须如玉种篮田，所云足当自止，恐筹事大热心计转赊，见入商贾之路也。

文学小序：谢太傅问诸侄子弟亦须何人事，而欲其佳车骑？譬如芝兰玉树欲生庭阶耳。若贪喜纨绔，日事征逐，不使读书稽古，是美人而髡其着，孔雀而铩其羽也。近世士风日下，忠者挟律舞女，奸者谀狐媚鼠，珊瑚之树，变为尣予，翡翠之禽，化为鹠鸱，秦之士贱矣。独不闻宋人有言曰：摊万卷等于南面百城，则读书是富贵人，明人有言曰：扫地焚香清是福，摊来书卷福添清，则读书是清福人。回道人有言约：白酒酿成因好客，黄金散尽为收书，则识书是神仙人，甚矣！族人之有文学，犹玄圃之夜光，薛门之青苹也。

孝义小序：天道之于富贵为佣俗之物，不堪矜恤，惟忠义孝节，之人间气钟焉。然庸行尽人可能，至德因心即是。郊天之鼓宁割麒麟之皮，笃孝经者岂必曾氏之册？夫子曰：谨身节用以养父母，此庶人之为孝也，况焦饭甘瓜、葡萄、桑葚、非人间异端之物，纪之史册，人皆奉焉。天珠琬琰，信乎孝无终始，而患不及者未之有也。若夫舍肥取瘠，损麦指囷，考亭有言。宰相曰：有可行的善事。秀才曰：有可行的苦事。未可以多寡难易论也。

赠助小序：谁握麒麟笔，都乘鹦鹉车，勿将乞米帖，认作绝交书。况编蒲扣角之人，环堵有壁，谒阍无全，然夜读之糠，半以膏釜修脯货之谁家，昼书之获，旋以米薪珠桂籴于何人？任昉有言曰：为惠须及时，勿待秋凉日。杜少陵诗云：所求为宗族，亦不为盘飧，勿受外猜疑，同姓古所敦。惟愿丰苞有燕翼之安，脊令急在原之义，庶长安鹅炙，免典炉边之酒。扬州鹤背，共看杏苑之花。

世系小序：世系小序礼曰：上绍祖弥，下治子孙，旁治昆弟，合族于食治，厘而正之也，世而名之以系长易湮，续之使不断系老易淆，理之使不棼，条绪井然而后经纬生焉。花萼云凤龙文灿焉。盛以筐进正尚方焉，故知派别而后识所自，行列序而后知所亲，若强弱相凌，贫富相耀，如同一姬姓，滕薛争长，蔡卫争先，史册讥之，为作世系考。

祠祀小序：君子将营宫室宗庙为先，凡以神之焄蒿凄怆，与裸献祀癥，必有其地也。古者支子不祭，必于宗子，盖宗子者神之平日所居，其祭器祭服皆以宗子藏之。近代立之以祠垲堛沓肃也。是杨李一区，百世英名所擅，而五亩之宫，桓南郡不得毁，集之也，世世子孙保守勿替。

祭田小序：大孝不匮传施备物，未易言也。而父母既没，而必求仁者之气以祀，则又求谁？而谁与之也？此祭必立，以田艿合明洁，于是乎出笾豆之寔，陆崖之，于是乎资焉！然不敢多，多则起其间争侵之虞，又不可少，少则有二簋不备之忧，故寝丘三百，仅妥若敖之，访枋许二易，遂若鲁郑之封。是以君子虽贫不粥祭器，虽寒不服祭衣。原田晦晦，先灵之口泽杯棬存焉。

丘墓小序：祭墓非古也。自唐代天子，以淡服祀陵，下逮臣庶皆比，清明令序上家扫茔，一时行之，为教孝与仁。沿之遂成古礼。考柳子厚与许京兆书：近世礼重祭扫，每遇寒食，士女皆遍郊原，马医夏畦之人，无不受子孙追养，先墓在郊原尽，哀墓愤惧，毁伤柏木以成大泪，则拨诸孝子，凄怆惕怵之心，亦有所必欲展者也。而况玉鱼出，青陇半田，盗采松湫石，麟卧荒郊都录带剑上陵。是以孝子立炉墓之室，古人重守冢之户也。

——肖俊涛收集整理（2014 级 美术教育系 国画人物专业）

（三）作品现场

"第一种民间记忆"展览前言

王　林　陈启基

民间记忆是历史真实的见证，民间立场是当代艺术的底线之一，民间公民社会的建设事关中华文化的未来。

第一种民间记忆从个人开始、从家庭开始、从父母之恩与宗土之情开始——没有民间记忆的当代艺术，只有垃圾没有文化。

是为序。

2014 年 11 月 12 日

西安美术学院美术馆

附　图

图 5-7　《第一种民间记忆》展览开幕现场

图 5-8　《第一种民间记忆》展览现场 1

图5-9　《第一种民间记忆》展览现场2

图5-10　西安美术学院院长郭线庐先生在展览现场接受学生的采访

图5-11 王林先生在展览现场与英国克莱默伯爵当代艺术基金会主席克莱默伯爵交谈

图5-12 西安美术学院研究生处处长武小川和OCAT当代艺术中心西安馆执行馆长凯伦·史密斯女士在展厅中交谈

图5-13 导师王林展览作品

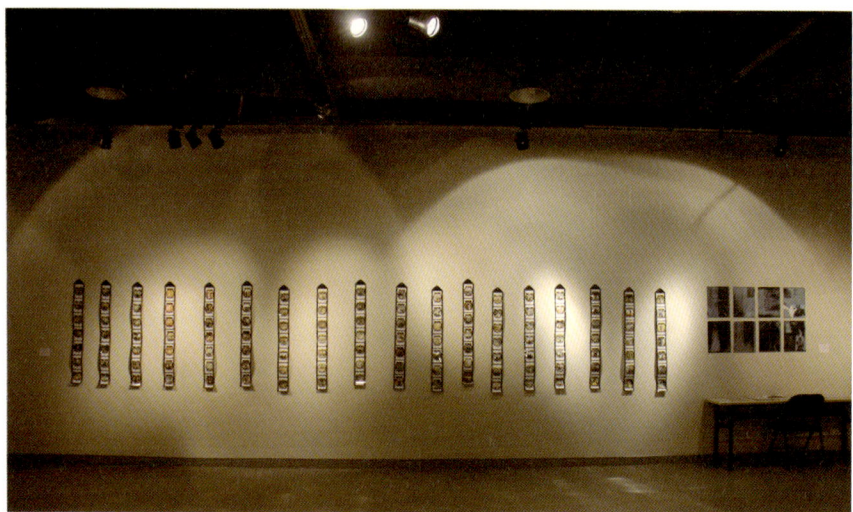

图5-14 特邀嘉宾陈启基展览作品

图 5-15　高蕾展览作品（2014 级工艺系艺术设计专业高蕾）

图5-16　1970年代初老爸和我（2014级工艺系艺术设计专业高蕾）

图5-17　曹洋帆展览作品
（2014级油画系油画专业曹洋帆）

图5-18　我祖父的家庭合影（年代不详）
（2014级油画系油画专业曹洋帆）

图5-19　高敏展览作品
（2014级油画系油画专业高敏）

图5-20　姥爷参加共青团代表大会（后排右二）1972年
（2014级油画系油画专业高敏）

图 5-21　李菲展览作品
（2014 级影视动画系动画专业李菲）

图 5-22　母亲的家庭　1969 年
（2014 级影视动画系动画专业李菲）

图 5-23　孟乡展览作品
（2014 级油画系油画专业孟乡）

图 5-24　雷锋教育活动，学生之一为我的母亲　1960 年代
（2014 级油画系油画专业孟乡）

图 5-25　宋涛展览作品
（2014 级油画系油画专业宋涛）

图 5-26　二伯家子女留影　1983 年
（2014 级油画系油画专业宋涛）

图5-27 王宇瑶展览作品（2014
级美教系水彩专业王宇瑶）

图5-28 爷爷和奶奶的结婚照

那时的爷爷刚参加工作，从山东来到西安，在工作单位认识了奶奶，说起来他们也算是门当户对。爷爷家在山东，家中亲兄弟六个，他排行老二，家里做买卖开厂子闯关东，颇有家业，属于资本家。由于有大哥主持家业，爷爷就没有什么压力和负担，一心读书上学，毕业后进了国企从事研究工作，看似严谨的他却非常有音乐天赋，小提琴、大提琴、手风琴、二胡他都会演奏。他是个温存而又执着的老头。说起我奶奶，她们家四个姐妹一个弟弟，是地道的西安人。爷爷以前说过，奶奶是个才女，年轻时学习很好，记忆力很强，还做得一手好菜。奶奶在家排行第三，因为家中从她太爷起都是开私塾的，所以可以说是书香门了。其实放到今天，在西安西郊85岁以上的老西安人，但凡是小时候读过书的都在奶奶家的私塾学习过。五十多年后，再翻出这张当年的旧照，感触良多。当年的帅小伙、美姑娘，如今已是白发苍苍，爷爷不再健壮，奶奶也开始糊涂了，但是他们之间的情感丝毫不减当年，相依相伴到永远。从那个物资匮乏，战火纷飞的年代一路走来，这张照片记录了他们那美好且重要的一刻，也见证了风风雨雨的一路。今天，这张照片依然静静地躺在老相册里，默默地诉说着那新婚的一刻。

（2014级美教系水彩专业王宇瑶）

图5-29　王资卓展览作品
（2014级美术史论系考古专业王资卓）

图5-30　"文化大革命"时期我父亲作为工会代表集体合影　1970年代
（2014级美术史论系考古专业王资卓）

图5-31　薛敬亚展览作品
（2014级史论系设计史专业薛敬亚）

图5-32　爷爷在北京天安门 1964年
（2014级史论系设计史专业薛敬亚）

图 5-33　辛荣展览作品（2014 级
美术史论系艺术教育与管理专业辛荣）

图 5-34　辛荣全家福 2009 年
（2014 级美术史论系艺术教育与管理专业辛荣）

图 5-35　万令鑫展览作品
（2014 级美教系油画专业万令鑫）

图 5-36　高中时期的父亲（右）1983 年
（2014 级美教系油画专业万令鑫）

图 5-37　杨光展览作品
（2014 级工艺系装饰设计专业杨光）

图 5-38　爷爷当兵时留影（年代不详）
（2014 级工艺系装饰设计专业杨光）

图5-39　袁磊展览作品（2014级美教系油画专业袁磊）

图5-40　太奶奶在老院子中的留影（年代不详）
（2014级美教系油画专业袁磊）

图5-41　杨玚展览作品
（2014级美术史论系艺术教育与管理专业杨玚）

图5-42　东方红姐妹（妈妈，左，10岁）1975年（2014级美术史论系艺术教育与管理专业杨玚）

图5-43　张婧璇展览作品
（2014级设计系视觉传达专业张婧璇）

图5-44 呼伦贝尔 海拉尔 伊敏河岸边 20世纪初

爷爷在20岁出头的时候，从老家山东沛县逃出来。他在饥荒和战乱的逼迫下独自一人背井离乡，一路行乞，到了北方的这座荒凉的小城——海拉尔。生活在举目无亲的边塞，爷爷是孤独的。然而生命的强韧令人敬畏，最终他在这里扎下根，开枝散叶，育有三女四子。爸爸是他最小的儿子，我是他唯一的孙女，在一个几十人的贫穷的大家庭里享受着优待，爷爷却因为过度辛劳早早离开了人世。

照片中的院子是爷爷结婚时的住处，是他偶然结识的摄影师拍摄的海拉尔组照中的一张。在离开海拉尔的时候作为纪念送给他，成为那个时代唯一的、十分珍贵的影像记录。

（2014级设计系视觉传达专业张婧璇）

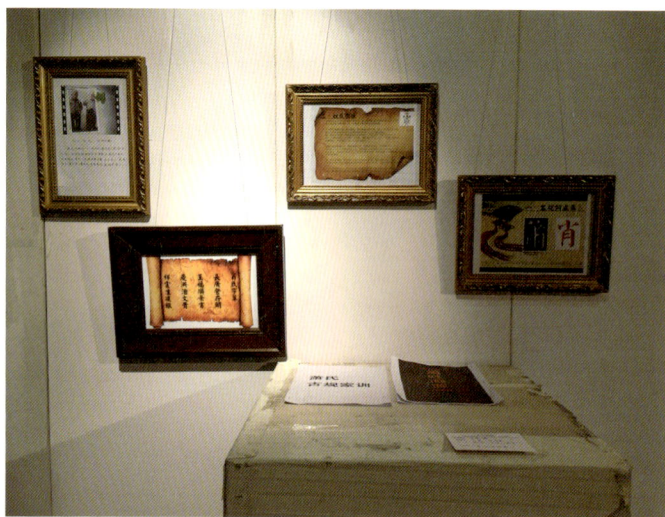

图5-45　肖俊涛展览作品（2014级美教系国画人物专业肖俊涛）

图5-46　辛国炜展览作品（2014级影视动画系摄影专业辛国炜）

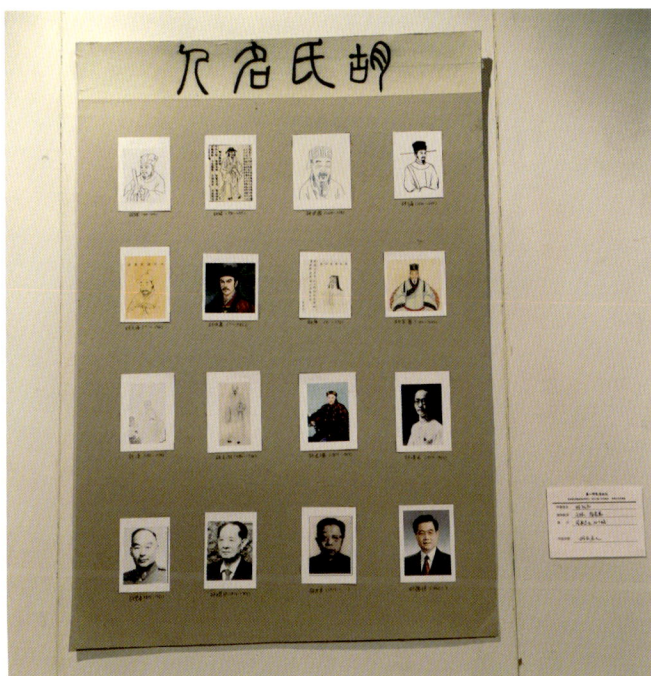

图5-47 胡成阳展览作品（2014级国画系国画专业胡成阳）

图5-48 蔡啸展览作品（2014级油画系油画专业蔡啸）

图 5-49　张蔚然展览作品
（2014 级国画系花鸟专业张蔚然）

图 5-50　赵洁展览作品
（2014 级油画系油画专业赵洁）

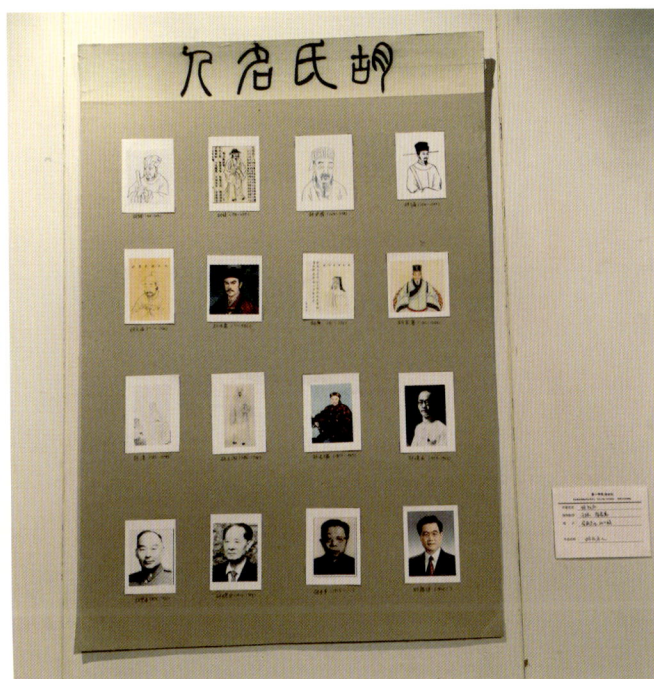

图5-47 胡成阳展览作品（2014级国画系国画专业胡成阳）

图5-48 蔡啸展览作品（2014级油画系油画专业蔡啸）

图 5-49　张蔚然展览作品
（2014 级国画系花鸟专业张蔚然）

图 5-50　赵洁展览作品
（2014 级油画系油画专业赵洁）